Jörg Dauscher

111 Orte in Danzig, die man gesehen haben muss

111

emons:

Bibliografische Information der Deutschen Nationalbibliothek
Die Deutsche Nationalbibliothek verzeichnet diese Publikation in der Deutschen Nationalbibliografie; detaillierte bibliografische Daten sind im Internet über http://dnb.d-nb.de abrufbar.

MIX
Papier | Fördert gute Waldnutzung
FSC® C083411
FSC www.fsc.org

Gestaltung: Anja Sauerland, nach einem
Konzept von Lübbeke | Naumann | Thoben
Kartografie: altancicek.design, www.altancicek.de
Kartenbasisinformationen aus Openstreetmap,
© OpenStreetMap-Mitwirkende, ODbL
Druck und Bindung: CPI – Clausen & Bosse, Leck
Printed in Germany 2023
ISBN 978-3-7408-1572-1

Vorwort

Über dem Frauentor und der Mottlau kreisen die Möwen, der Hafenkran erzählt von den Hansezeiten, als Danzig durch den Handel mächtig wurde. Am Mottlau-Ufer, in der Langgasse und am Langen Markt konzentrieren sich die Besucherströme – im Sommer hisst Danzig Sträuße aus bunten Luftballons als unmissverständliches Zeichen dafür, wo das Herz der Stadt schlägt.

Danzig war und ist eine reiche, stolze Stadt: reich an kulturellem Erbe, reich an Geschichte und Handelsbeziehungen, reich an Niederlagen und Katastrophen, reich an Leben. »Stadt der Freiheit« nennt sich Danzig auch und spielt damit nicht nur auf die Epoche der Bürgerrepublik an, sondern zudem auf den heutigen kosmopolitischen Geist.

Der Liberalität der Stadt ist es geschuldet, dass mit dem deutschen Erbe unbefangen umgegangen und dieses kultiviert wird. Nach dem Zweiten Weltkrieg musste die deutschsprachige Bevölkerung fliehen, die massiv zerstörte Stadt wurde von polnischer Hand wiederaufgebaut – so akribisch und originalgetreu, dass sich das Ausmaß der Schäden heute kaum noch erahnen lässt.

Reichtum und Vielfalt enden nicht an den Stadtmauern, ja noch nicht mal mit der Stadtgrenze: Zusammen mit dem Seebad Sopot (Zoppot) und der Hafenstadt Gdynia (Gdingen) bildet Danzig die Metropolregion der Dreistadt, die innig verbundene Trójmiasto. Mehr als eine Million Menschen leben in der Region. Schon deswegen beschränkt sich die Auswahl der Orte in diesem Bändchen nicht auf die Innenstadt und auch nicht auf Danzig allein. Wir tun es stattdessen den Einheimischen gleich und wechseln leichtfüßig von einer Seite der Stadt zur anderen, vom Altstadtkern an den Strand oder in die Siedlungen zwischen den drei Städten. Straßen- und S-Bahn machen einem die Ortswechsel leicht, und Orte, die man nicht verpassen sollte, findet man überall entlang des Weges.

111 Orte

1 100cznia

Alternatives Kulturzentrum und Freizeitareal

In industriellem Ambiente und unmittelbarer Nachbarschaft zu Ladekränen und weiterhin bewirtschafteten Werftanlagen steppt tagtäglich der Bär. »Hundert« heißt auf Polnisch »sto«, weshalb der Name 100cznia genauso ausgesprochen wird wie das Wort für Werft: »stocznia«. Es könnte sein, dass die Zahl sogar stimmt und man auf 100 kommt, wenn man all die Bars, Restaurants, Clubs und Foodtrucks zusammenzählt, die sich in den alten Werfthallen angesiedelt haben.

Den Anfang machte der Club B90 in der Ulica Elektryków, weshalb das Areal auch unter diesem Namen bekannt ist. Dann zogen eine Tanzschule und ein Boxclub ein. Schließlich kamen die Foodtrucks dazu, und der Außenbereich wurde mit Hängematten, Tischgarnituren und Liegestühlen belebt. Inzwischen hat sich fast die gesamte Off-Szene Danzigs dorthin verlagert, wer spätabends ausgeht, landet quasi automatisch auf dem Gelände von 100cznia. Dieses hat – inklusive Außenanlagen und eines zentralen Foodcourts samt Trucks – auch tagsüber geöffnet, richtig voll wird es jedoch erst abends, wenn die Clubs öffnen oder ein Live-Act ansteht.

Wenngleich sich mancher an das Berlin der 1990er Jahre erinnert fühlt, ist die polnische Alternativszene um einiges schicker unterwegs und lässt sich den Spaß durchaus etwas kosten. Der Eintritt auf das Gelände ist frei (nicht in die Clubs oder zu den Events), aber die Cocktails schlagen auf das Portemonnaie, und das Bier ist hier auch nicht günstiger als anderswo. Phänomenal ist die Auswahl an Streetfood und die Atmosphäre in der zentralen Halle, weshalb sich der Besuch schon mittags lohnt.

100cznia stellt dabei nur einen kleinen Teil des weitaus größer angelegten Projekts zur Wiederbelebung der angrenzenden ehemaligen Kaiserlichen Werft (Stoczni Cezarskiej) dar. Noch ist von den weiteren geplanten Maßnahmen nicht viel zu sehen, aber man kann das gesamte Gelände durchwandern und besichtigen.

Adresse Popiełuszki 5, 80-863 Gdańsk, www.100cznia.pl | **ÖPNV** S-Bahn, Haltestelle Stocznia, von dort wenige Minuten zu Fuß | **Öffnungszeiten** täglich ab mittags | **Tipp** Zeitgenössische Kunst findet man gegenüber der Durchfahrtsstraße im Neuen Kunstmuseum NOMUS, einer Zweigstelle des Nationalmuseums.

2 Der Äbtepalast zu Oliva

Wie Phoenix aus der Asche

Es ist schwer vorstellbar, aber wahr: Während des Zweiten Weltkriegs diente der Äbtepalast zu Oliva als Lager, bevor er von deutschen Truppen vor ihrer Flucht bis auf die Grundmauern niedergebrannt wurde. Der Wiederaufbau des Palastes erfolgte erst 1965 unter der Leitung des Pommerschen Museums, das ihn fortan als Zweigstelle nutzte.

Der Äbtepalast erinnert an ein kleines Versailles oder ein königliches Schlösschen. Die verspielte Rokoko-Fassade auf der Parkseite kann jedoch nicht über die lange Geschichte des Gebäudes hinwegtäuschen, denn das Kreuzgewölbe des Kellers und weitere Teile stammen noch aus der Zeit der Gotik. Der neuere Palast wurde später hinzugefügt und im 18. Jahrhundert zu einer prächtigen Residenz erweitert. Das Selbstbewusstsein, der offen zur Schau getragene Reichtum und die weltliche Anmutung des Gebäudes kommen nicht von ungefähr: Das Kloster Oliva spielte eine bedeutende politische Rolle. Hier verhandelten der habsburgische Kaiser, der Kurfürst von Brandenburg sowie der schwedische und der polnische König den Frieden von Oliva und beendeten damit die jahrhundertelangen Kriege um die Vormachtstellung im Ostseeraum.

Erst anschließend verfügte die Abtei über ausreichend Mittel, um den erlangten Status auch zu zeigen: in repräsentativen Gebäuden und prachtvollen Gartenanlagen. 1756 wurden die Bautätigkeiten abgeschlossen, der imposante Rokoko-Palast war fertiggestellt. Doch weniger als ein Jahrhundert später musste der Zisterzienserorden weltlicher Macht weichen und seine Liegenschaften dauerhaft abgeben. Der Klosterbesitz wurde zwischen der Stadt Danzig und der preußischen Krone aufgeteilt. In der Folgezeit wurde der Äbtepalast quasi an den preußischen Adel »untervermietet« und wechselte mehrmals den Besitzer, bis schließlich die Stadt Danzig die Verantwortung für das historische Gebäude übernahm. Doch dann kamen deutsche Soldaten.

Adresse Pałac Opatów – Muzeum Narodowe w Gdańsku Oddział Sztuki Nowoczesnej, Cystersów 18, 80-330 Gdańsk | ÖPNV Tram 2, 4, 6, 8, 12, Haltestelle Oliwa, von dort zu Fuß durch den Park | Öffnungszeiten Zweigstelle des Nationalmuseums in den Innenräumen: Di–So 10–17 Uhr; von außen während der Parköffnungszeiten: Mai–Sept. täglich 5–23 Uhr, Okt.–April täglich 5–20 Uhr | Tipp Im alten Flügel des Palastes bittet das feine, aber unkomplizierte Lokal Restauracja w Pałacu Opatów zu Tisch – einmal speisen wie ein Schlossherr!

3 Die Aleja Włazów

Deckel drauf!

Vor 1945 hieß die Ołowianka-Insel noch Bleihof. Dort waren das städtische Pumpwerk und das Elektrizitätswerk sowie einige Speicher beheimatet. Damals schon war die Insel über eine kurze Fährstrecke mit dem Altstadtufer verbunden, das städtische Leben aber spielte sich ausschließlich dort ab. Dies hat sich grundlegend geändert: Sowohl die Ołowianka als auch die Speicherinsel sind nicht zuletzt durch die beiden neuen Fußgängerbrücken längst eingemeindet.

Auf den Inseln gab es etwas, was in der Innenstadt rar war, aber spätestens seit der Wende dringend gebraucht wurde: ausreichend Platz. Ein monumentaler Neubau wie jener der Baltischen Philharmonie (Filharmonia Bałtycka) konnte also nur dort verwirklicht werden. Bislang verläuft der Publikumsverkehr jedoch noch punktuell und konzentriert sich auf wenige Anlaufstellen, die Spitze der Ołowianka ist noch nicht wirklich entdeckt. Mit der Aleja Włazów wurde jedoch unlängst rund um das Pumpwerk so etwas wie eine thematisch passende Uferpromenade angelegt, deren Attraktion aus unterschiedlichen Kanaldeckeln besteht.

Man muss sich die Mottlau Mitte des 19. Jahrhunderts als eine einzige Kloake vorstellen, die bald nicht nur gesundheitlich, sondern auch wirtschaftlich bedenklich wurde. Schon 1863 beschloss daher der Magistrat, ein modernes Abwassersystem zu installieren. Eine Kanalisation wurde geplant und zu einem Zeitpunkt in Betrieb genommen, als in Berlin noch mit Gruben gearbeitet wurde. Das Pumpwerk auf der Ołowianka diente dazu, das anfallende Abwasser auf Rieselfelder abzuleiten. Kanäle aber müssen gewartet werden, und dafür braucht es Zugänge, also Gullys. In der Aleja Włazów findet man eine Menge solcher »Mannlochdeckel«. Sie zeigt eine ganze Reihe historischer Exemplare, die hölzern, aus Beton oder, wie heutzutage üblich, aus Metall hintereinander in den Boden eingelassen sind: echte Embleme der Stadt.

Adresse Ołowianka 4, 80-751 Gdańsk | ÖPNV Bus 100, Haltestelle Targ Rybny, dann zu Fuß über die Ołowianka-Brücke | Tipp Über die Aleja Włazów gelangt man bis zur Brache an der Inselspitze, von wo aus man den Schiffsverkehr und die kleinen Boote am gegenüberliegenden Kanal-Anleger bewundern kann.

4 Die Allee

Durch den dichten Baumtunnel

Der malerische Oliwski-Park im Stadtteil Oliwa wurde ursprünglich im 15. Jahrhundert von Zisterziensermönchen als Klostergarten angelegt. Sein heutiges Erscheinungsbild geht jedoch auf das 18. Jahrhundert zurück und ist von französischen Barockgärten inspiriert, deren geometrische Strenge damals sehr beliebt war. In einigen Bereichen des Parks war jedoch schlicht nicht ausreichend Platz für die rechteckige Formgebung, das Bassin des Łabędzi Staw verjüngt sich zum Beispiel zur einen Seite hin leicht. Diese kleine Unregelmäßigkeit fällt allerdings nur auf, wenn man darauf hingewiesen wird – was hiermit geschehen ist.

1831 wurde das Kloster säkularisiert, die meisten Wirtschaftsgebäude wurden abgerissen, die Klosterkirche im hinteren Teil des Parks stufte man zu einer simplen Pfarrkirche herab – der Park blieb bestehen. Trotz seiner Bedeutung wurde der gesamte Komplex erst 2017 offiziell als Geschichtsdenkmal (Pomnik historii) anerkannt.

Der Oliwski-Park gehört zu den beliebtesten Ausflugszielen von der Danziger Innenstadt aus, wobei die meisten Besucher vor allem den Botanischen Garten und das Palmenhaus erkunden. Dabei bleiben viele der anderen kleinen Schätze, die das zehn Hektar große Parkgelände zu bieten hat, oft unentdeckt. Der Lauf der Zeit spielt eine entscheidende Rolle bei der Entfaltung des wahren Zaubers des Oliwski-Parks. Die Linden am Teich und entlang des kleinen Kanals sind über die Jahre zu undurchdringlichen grünen Mauern zusammengewachsen, die dem Park eine ganz besondere Atmosphäre verleihen.

Eines der faszinierendsten Elemente des Parks ist die vollständig zu einem Tunnel verwachsene kleine Allee, die sich mitten durch das Gelände zieht. Vor allem im Sommer ist sie ein Hochgenuss, weil sich die Luft unter dem Blattwerk deutlich abkühlt. Der beste Zeitpunkt für einen Besuch des Parks ist daher nicht der Mittag, sondern der frühe Morgen.

Adresse Park Oliwski, Opata Jacka Rybińskiego, 80-001 Gdańsk | ÖPNV Tram 2, 4, 6, 8, 12, Haltestelle Oliwa unmittelbar vor dem Parkeingang | Öffnungszeiten Mai–Sept. täglich 5–23 Uhr, Okt.–April täglich 5–20 Uhr, Palmerie täglich 10–18 Uhr | Tipp Der Mühlenteich liegt jenseits der Grunewaldska und wird als eigenständiger Park samt ehemaliger Mühle viel zu oft übersehen.

5 Die Alte Apotheke

Das Runde im Eckigen

Das Wort »Apotheke« kommt aus dem Altgriechischen und bedeutet nichts anderes als »Speicher« oder »Lager«. Mit Medikamenten wurde der Begriff erst assoziiert, als Klöster Heilkräuter und Salben in der »apotheca« aufbewahrten. In der Danziger Alten Apotheke hinter dem Großen Zeughaus waren dementsprechend auch keine Arzneimittel eingelagert, sondern es wurde Munition produziert – insbesondere Kanonenkugeln. Dieser Umstand und das Gebäude insgesamt sind etwas in Vergessenheit geraten, zumal die Apotheke vom Teatr Wybrzeże verdeckt und mitbenutzt wird. Ein brückenartiger Gang verbindet den Theaterneubau mit seiner Zweitbühne im Apotheken-Geviert.

Dennoch ist die Gasse zugänglich, und die ehemalige Verwendung kann dem Backsteinbau abgelesen werden. Das Stadtwappen samt zweier Löwen ziert das Portal, links und rechts ergänzt von Säulenkapitellen, auf denen je eine Kugel ruht. Das Sonderbare sind die stählernen Stacheln, die aus diesen Kugeln ragen. Von allein kommt man kaum drauf: Es handelt sich um stilisierte Explosionsblitze, bei den Kugeln um Kanonenmunition. Darauf aufmerksam geworden, entdeckt man ein halbes Dutzend weitere echte Kanonenkugeln, die in die Fassade eingemauert wurden.

Bis zum 15. Jahrhundert wurden Kanonenkugeln aus Stein eingesetzt, die mit Hilfe von Schwarzpulver abgeschossen wurden und schon aufgrund ihrer Durchschlagskraft Unheil anrichteten. Geschosse aus Gusseisen setzten sich anschließend durch, Hohlkugeln mit explosivem Inhalt, also Granaten, kamen erst im 17. Jahrhundert auf. Die Produktion wanderte später aus der Alten Apotheke in das Große Zeughaus, in dem die schweren Kanonenkugeln durch einen Schacht in das Kellergewölbe hinuntergelassen wurden. Nach der Einnahme Danzigs durch das Heer Napoleons wurde das Zeughaus ab 1807 jedoch als Lazarett genutzt, das Waffenarsenal und das Kanonenkugellager wurden aufgelöst.

Adresse Stara Apteka, Teatralna 4, 80-382 Gdańsk | **ÖPNV** gleich neben dem Hohen Tor und der Bus- und Tramhaltestelle Brama Wyżynna | **Öffnungszeiten** nur von außen zu besichtigen | **Tipp** Im Großen Zeughaus um die Ecke residiert heute die Kunsthochschule. Ein Militärmuseum mit einer Waffensammlung und insbesondere alten Kanonen befindet sich in der Festung Weichselmünde (Twierdza Wisłoujście).

6 Das alte Hevelius-Denkmal

Dem Himmel so nah

Auf Johannes Hevelius (1611–1687) stößt man in Danzig gleich mehrfach, obwohl die wenigsten Besucher der Stadt den Namen zuvor überhaupt schon einmal gehört haben dürften. Also: Hevelius war einer der bedeutendsten Astronomen seiner Zeit und veröffentlichte zahlreiche Werke über Astronomie, darunter das Buch »Machina Coelestis«, das die Positionen von mehr als 1.500 Sternen beschreibt. Unter anderem war er der Erste, der den Mond kartografierte. Sein Name wurde allerdings latinisiert, so wie es sich für einen Wissenschaftler der Neuzeit gehörte. Bürgerlich hieß Hevelius entweder Hevel oder Hewelcka, auf Polnisch Heweliusz. Der Volksmund jedoch bezeichnet ihn als den »Da Vinci Polens« – aufgrund seiner breit gespannten Interessen und Fähigkeiten als Astronom, Bürgermeister, Bauherr, Instrumentenbauer und sogar als Bierbrauer.

Astronomie war sozusagen Hevelius' Hobby, den Lebensunterhalt verdiente er sich mit der Familientradition, dem Brauen. Er war Mitglied der Danziger Brauergilde. Den Erlös dieser Tätigkeit aber steckte er in die Entwicklung von Messinstrumenten und Teleskopen, mit denen er den Himmelskörpern näher kommen konnte als jeder andere Zeitgenosse. Seine Arbeit trug wesentlich zur Entwicklung der modernen Astronomie bei, und sein Einfluss auf die wissenschaftliche Gemeinschaft des 17. Jahrhunderts war bedeutend. Deshalb sind mehrere Danziger Institutionen nach ihm benannt, und an verschiedenen Stellen findet man Denkmäler, die an ihn erinnern.

So auch am »Wasserloch« genannten Gehweg entlang des Radaune-Kanals. Die Säule samt kauernder Figur inmitten von Himmelskreisen aus Kupferblech stammt aus dem Jahr 1973 und ist unverkennbar von sozialistischer Formensprache beeinflusst. Das Denkmal musste hierher ausweichen, als 2006 an seinem alten Standort am Altstädtischen Rathaus eine lebensgroße Bronzeskulptur von Hevelius aufgestellt wurde.

Adresse Wodopój, 80-850 Gdańsk | ÖPNV vom Hauptbahnhof in 7 Minuten zu Fuß die Rajska hinunter und vor dem Kanal links abbiegen | Tipp Die neue Bronzeplastik steht nur wenige hundert Meter entfernt und wird von einer Sternkarte aus Hevelius' Zeit auf einer Hausfassade komplettiert.

7_Die alte Markthalle

Auf den Grund gegangen

1226, ganze acht Jahre nach der Gründung ihres Ordens, kamen die Dominikanermönche nach Danzig und ließen sich dort nieder. Bald erhielten sie ein Ablassprivileg und feierten diesen Tag mit einem Markt. 1260 wird der jährliche Dominikanermarkt erstmals erwähnt, der heute noch stattfindet und als größte Freilichtveranstaltung Europas gilt. Jedes Jahr im August, also rund um den Tag des heiligen Dominikus, den 8. August, birst die Altstadt 23 Tage lang vor lauter Buden und zahllosen Besuchern aus ganz Polen. Das Volksfest wirkt identitätsstiftend und stellt *die* touristische Attraktion Danzigs schlechthin dar, wenngleich die Tradition nach Jahrzehnten der Pause erst ab Anfang der 1970er Jahre wiederaufgenommen wurde.

Der historische Dominikanermarkt ist mit großer Wahrscheinlichkeit um das ehemalige Kloster herum zu vermuten, also genau dort, wo heute der Bazar und die Markthalle von 1894 (Hala Targu) zu finden sind. Als Letztere erbaut wurde, war das Dominikanerkloster längst Geschichte und die zugehörige gotische Nikolaikirche zur Pfarrkirche geworden. Heute ist sie die älteste Kirche Danzigs und eines der wenigen unversehrten gotischen Bauwerke der Stadt. Bereits 1810 hatte die preußische Obrigkeit dem Kloster verboten, Novizen aufzunehmen. Als der letzte Mönch starb, fielen die Liegenschaften an die Stadt.

Erst 2004 stieß man im Rahmen von Renovierungsarbeiten auf vergessene Klosterfundamente und Teile einer Siedlung aus romanischer Zeit – direkt unter der Markthalle. In der Folge wurden die Funde fein säuberlich freigelegt, überglast und in die Halle inkorporiert. Schautafeln zeigen den einstigen Klosterbau, und wenngleich die Erläuterungen lediglich auf Polnisch erfolgen, gewinnt man doch eine Ahnung von Danzigs Vielschichtigkeit im Wortsinne: Unter der Backsteinarchitektur eines alten Marktgebäudes liegen Danzigs mittelalterliche Ursprünge als Dominikaneransiedlung.

Adresse Plac Dominikański, im Untergeschoss der Markthalle (Hala Targu), 80-844 Gdańsk | **ÖPNV** 7 Minuten zu Fuß von der Bus- und Tramhaltestelle Hucisko | **Öffnungszeiten** Mo–Sa 10–18 Uhr | **Tipp** Die Nikolaikirche befindet sich direkt gegenüber der Markthalle und ist frei zugänglich – im Gegensatz zum wunderschönen Wachturm »Baszta Jacek« an der nächsten Ecke.

8 Die alte Werft

Stilisierte Kräne verweisen auf den Standort

Die Bedeutung des Schiffbaus für die Stadtgeschichte ist unbestritten, geht aber viel weiter zurück als nur bis zur Gründung der Kaiserlichen Werft. Stara Stocznia, »Alte Werft«, heißt ein Straßenzug unweit der Mottlau und am Radaune-Kanal. Das ist etwas seltsam, denn die Straße führt an Neubauten vorbei und nicht etwa am Wasser. Die stilisierten Kräne jedoch, die wie Laternen im Hof zwischen den Neubauten stehen, lassen keinen Zweifel: Hier befand sich einst die Danziger Werft.

Die Tradition des Schiffbaus in Danzig ist wesentlich älter als die Kaiserliche Werft, die ja erst 1852 gegründet wurde. Der vorherige Standort am Zusammenfluss von Mottlau und Radaune-Kanal ist kein Zufall, stiftete doch Letzterer die Lebensader für Danzigs Mühlen und Handwerksbetriebe. Aus einem Reisebericht vom Anfang des 18. Jahrhunderts wissen wir, dass die Kanalmündung erheblich breiter, der Kanal selbst wesentlich tiefer gewesen sein muss, als es heute der Fall ist. Er war zumindest zum Teil schiffbar, sodass es Sinn ergab, dort Schiffe zu bauen, solange der Platz ausreichte.

Entscheidend für die Verlagerung des Schiffbaus sowie des Waren- und Schiffsverkehrs aus der Stadt hinaus war nicht nur der steigende Platzbedarf, sondern auch der Beginn der Industriellen Revolution. Die aufkommende Eisenbahn schuf gänzlich andere Transportwege, Dampfmaschinen und Stahlverarbeitung benötigten riesige Hallen und ein Heer an Arbeitskräften. Wenige hundert Handwerker sollen im Mittelalter in Danzig im Schiffbau beschäftigt gewesen sein, in der Kaiserlichen Werft arbeiteten zu Hochzeiten Zehntausende.

Noch vor einigen Jahren konnte man sich das Hafenbecken der alten Werft zumindest vorstellen, inzwischen wurde das Altwasser links des Radaune-Kanals jedoch zugeschüttet. Der gesamte Block wird derzeit neu bebaut, außer den stilisierten Kränen verweist nichts mehr auf die Vergangenheit dieses Ortes.

Adresse Stara Stocznia 80, 80-858 Gdańsk | ÖPNV Bus 106, 130, 166, Haltestelle Muzeum II Wojny Światowej, von dort 4 Minuten zu Fuß | Tipp Noch grenzt der Block der Neubauten an eine Brache: die ehemalige Kielmeister Wiese (Łąka Mistrzów Stępkarskich).

9 Das Antikwariat Naukowy

Im Museum der Blätter

Es ist nicht zwingend notwendig, ein Museum zu besuchen, um die faszinierende Geschichte Danzigs hautnah zu erleben. Das traditionsreiche Antikwariat Naukowy in der Piwna-Straße ist eine Welt für sich. Sein Name bedeutet »Wissenschaftliches Antiquariat«, was der beeindruckenden Sammlung an Büchern, Landkarten, Fotografien, Postkarten, Gemälden und Drucken geschuldet ist, die allesamt von der vielschichtigen Geschichte Danzigs zeugen.

Es wirkt, als beträte man eine Höhle. Der Verkaufsraum ist vollgepackt mit Schätzen und versprüht den unverwechselbaren Duft, der nur von altem Papier ausgeht. Längst vergriffene Ausgaben wie ein opulentes Werk über den schwedischen König Gustav II. Adolf während des Dreißigjährigen Krieges oder umfangreiche Abhandlungen zu philosophischen und naturwissenschaftlichen Fragestellungen in deutscher Frakturschrift warten hier auf interessierte Käufer – unter Umständen, wie es scheint, vergeblich.

Das Magische am Antiquariat ist, dass man hier meinen könnte, in vergessene Welten einzutauchen. Es fühlt sich an wie in einem Museum, in dem sich bei jedem Schritt neue Facetten von Danzigs Vergangenheit offenbaren: alte Telefonbücher, Karten des Vorkriegs-Danzig, französische Romane oder mehrbändige Ausgaben von Shakespeares Dramen. Die schiere Anzahl an deutschsprachigen Büchern der Vorkriegszeit ist erstaunlich, die wahren Schätze aber sind Veröffentlichungen der vorvergangenen Jahrhunderte im hinteren Teil des Ladens – manche ganz zerfleddert, einige ohne Buchrücken, andere mit makellosem Ledereinband und Goldschrift.

Wenn man bedenkt, wie oft Danzig in der Vergangenheit von Bränden heimgesucht und dass die Stadt 1945 nahezu vollständig zerstört wurde, ist es ein wahres Wunder, dass all diese Papierdokumente und Postkarten aus vergangenen Zeiten überlebt haben. Eigentlich könnte man Eintritt verlangen für dieses Museum der Blätter!

Adresse Piwna 54, 80-831 Gdańsk | **ÖPNV** wenige Minuten zu Fuß vom Hohen Tor und der Bus- und Tramhaltestelle Brama Wyżynna | **Öffnungszeiten** Mo–Fr 11–18 Uhr, Sa 11–15 Uhr | **Tipp** Philatelisten und Sammler kleinster Kunstwerke aufgemerkt: Jenseits der Kozia-Gasse, in der Piwna 7/8, betreibt Jerzy Lachowicz seine Briefmarkenhandlung.

10 Der Artushof

Tafelrunde des Bürgertums

Es sind gar nicht die Wohnhäuser, die in erster Linie vom Reichtum und der Machtfülle des Danziger Kaufmannstums erzählen, es ist dessen zentraler Treffpunkt, der Artushof. Zwar fällt dieser nur wenig höher, dafür aber bedeutend breiter als die umstehenden Bürgerhäuser aus und ist über eine raumgreifende Treppe zu erreichen. Passenderweise schwebt die Göttin des Überflusses über dem Dachfirst: Fortuna.

Der Artushof war Sitzungsstätte und Festsaal der Wohlhabenden, die in Bruderschaften organisiert waren. Im Untergeschoss befand sich mit dem Ratskeller eine Wirtschaft, die ausschließlich den Mitgliedern offenstand. Diese wetteiferten untereinander, wer wohl am meisten zur Ausstaffierung und Verschönerung des Gebäudes beitragen konnte. So ist auch die üppige Fassadengestaltung zu erklären, die figürliche Darstellungen von Königen, antiken Staatsmännern und Politikern sowie allegorische Darstellungen der Kraft und der Gerechtigkeit – Letztere auf der sogenannten Attika, dem aufgemauerten Dachbereich – umfasst.

Das Gebäude stammt aus dem 15. Jahrhundert, die Front wurde erst 1617 hinzugefügt. Ab 1742 wurde der Hof jedoch zur Getreidebörse umfunktioniert. Nach dem Zweiten Weltkrieg lag er in Schutt und Asche. Inzwischen aber wurde der gesamte Bau samt Interieur aufwendig restauriert und lässt von Kriegsschäden nichts mehr ahnen. Heute fungiert der Artushof zudem als Museum und kann samt dem opulent gestalteten Saal und dem größten Renaissance-Ofen der Welt besichtigt werden. Allerdings haben nicht alle Einrichtungsgegenstände zurückgefunden, einige sind im Nationalmuseum ausgestellt.

Übrigens wurden dem deutschen Bundespräsidenten Richard von Weizsäcker und seinem französischen Pendant François Mitterrand im Artushof die Ehrendoktorwürden der Danziger Universität verliehen. Weizsäcker war schon 1990 nach Danzig gereist, um einen Kranz an der Werft niederzulegen.

Adresse Długi Targ 43–44, 80-831 Gdańsk | ÖPNV 10 Minuten zu Fuß vom Hohen Tor und der Bus- und Tramhaltestelle Brama Wyżynna | Öffnungszeiten Mi–Mo 10–16 Uhr | Tipp Nachfolger besagten Ratskellers ist das empfehlenswerte Restaurant Piwnica Rajców. Es liegt direkt vor dem Aufgang zum Artushof.

11 Die Astronomische Uhr

Abgelaufen, konserviert und restauriert

Die monumentale Astronomische Uhr im Querschiff der Marienkirche ist abgelaufen – und zwar schon seit ein paar hundert Jahren. Der Uhrmacher Johann Düringer wurde 1464 verpflichtet, eine Uhr samt Figurenspiel sowie Zifferblatt und Kalenderscheibe zu konstruieren. Letztere ist im Original mit Düringers Beschriftung erhalten, die jedoch nur 76 Jahre umfasst und lediglich bis 1538 reicht. Bis 1553 verzeichnen die Bücher Ausgaben für die Instandhaltung, danach ist Schluss. Keine 100 Jahre nach seiner Erschaffung stand das Uhrwerk still und galt schon Ende des 16. Jahrhunderts als »ganz außer Stand und verdorben«.

Zwar gab es mehrere Versuche und Initiativen, das Uhrwerk instand zu setzen, alle aber scheiterten am fehlenden Geld beziehungsweise am mangelnden Willen des Magistrats. Während des Zweiten Weltkriegs wurde die Uhr in ihre Einzelteile zerlegt und vorsorglich eingelagert, die Marienkirche wurde stark zerstört. Ein schlichtes Kreuz wurde anstelle der Uhr im wiederaufgebauten Querschiff aufgestellt – und zwar bis Ende der 1980er Jahre. Erst dann fand das Uhrwerk nach einer langen Zeit der Restaurierung schrittweise an seinen alten Platz zurück – dank der Jahrhunderte außer Dienst im originalen spätgotischen Stil samt der kalendarischen, astronomisch-astrologischen und liturgischen Funktionen.

Einer Legende zufolge sollen dem Uhrmacher Düringer übrigens nach Fertigstellung seines Meisterwerks beide Augen ausgestochen worden sein, um zu verhindern, dass dieser andernorts ähnlich Gewaltiges in die Welt setzt. Dies stimmt jedoch nicht und lässt sich anhand der baugleichen astronomischen Uhr der Rostocker Marienkirche widerlegen, die offensichtlich ebenfalls von Düringer stammt und später geschaffen wurde. Dies wird zudem durch ein Porträt belegt, mit dem dieser sich auf beiden Uhrverkleidungen verewigt haben soll. Gesichtert ist ebenfalls, dass Hans Düringer 1477 in Danzig starb – und möglicherweise in der Marienkirche begraben wurde.

Adresse Marienkirche, Podkramarska 5, 80-834 Gdańsk | **ÖPNV** 7 Minuten zu Fuß von der Bus- und Tramhaltestelle Hucisko über die Podkramarska zum Portal der Kirche | **Öffnungszeiten** Mo–Sa 9–18 Uhr, So 13–18 Uhr | **Tipp** Wer schon immer mal wissen wollte, wie ein Weltuntergang aussieht, der sollte das beeindruckende Triptychon namens »Das Jüngste Gericht« direkt gegenüber studieren.

12 Der Aufgang Nummer 40

Schleuse zum Strandglück

Die sogenannten Strandaufgänge teilen die Danziger Bucht in einzelne Abschnitte. Sie haben keine Namen, sondern tragen jeder eine Nummer. »Aufgang« heißt es deshalb, weil man anfangs ein bisschen bergauf laufen muss, um über die Düne zu kommen. Als relativ breite Breschen durch die Ufervegetation dienten die Aufgänge in den Anfangstagen der Sommerfrische dazu, die Badekarren der hohen Herrschaften bis an den Meeressaum zu bringen. Dies waren hölzerne Umkleidekabinen, die mit Pferden gezogen wurden. So konnte man sich geschützt vor Blicken umziehen, bevor man schnell ins kühle Nass sprang.

Gerade die Strandaufgänge, die einem nichts Besonderes bieten, weil sie fernab der Buden und der nächsten Straßenbahnhaltestelle liegen, sind die schönsten. Nummer 40 ist so ein Aufgang: Er bietet nichts weiter, als dass er den Grüngürtel der Dünung durchbricht und vom Asphalt der Wege zum feinkörnigen Ostseesand überleitet. Sich am Aufgang zu orientieren ist schon deswegen wichtig, weil man aufgrund der Gleichförmigkeit der Küstenlandschaft nach einem ausgedehnten Spaziergang nie und nimmer seine Sachen oder seine Freunde wiederfinden würde, wüsste man nicht um die Nummer.

Eigentlich ist so ein Strandaufgang eine Art Schleuse. Dort schlüpft man aus den Schuhen, streift den Alltag ab – nur wenige Schritte, und der Sand unter den Füßen ist warm von der Sommersonne. Nummer 40 liegt bei Brzeźno (Brösen), gleich am Anfang des alten Kurparks (Brzeźnieński Park). Brzeźno hat eine ähnliche Vergangenheit als Kurort wie Sopot, war jedoch weniger populär. Es geht deshalb dort heute wesentlich ruhiger zu, auch in der Hochsaison. Erfinder des Kurbetriebs bei Danzig war Jean Georges Haffner, ein Arzt aus dem Elsass, der sich zunächst in Brösen versucht hatte, dort aber gescheitert war. Die Zeit war damals noch nicht reif, im Meer zu baden galt als ungesund. Den Durchbruch schaffte später Sopot.

Adresse Wejście na plażę numer 40, Zdrojowa 2, 80-515 Gdańsk | ÖPNV Tram 3, 5, Haltestelle Krasickiego | Öffnungszeiten rund um die Uhr zugänglich | Tipp Am Rand des Parks und nahe der gleichnamigen Tramhaltestelle findet man Brzeźnos altes Kurhaus, das nach Jahren des Verfalls renoviert und als Hotel wiedereröffnet wurde.

13 Die Bar na dachu

Karibische Rhythmen mit Ostseeblick

Frische Luft und schöne Aussicht gefällig? Ganz ohne Gedränge und jenseits der Touristenströme? Wohlan: Von der Stacja Food Hall führt eine unscheinbare Betontreppe nach oben auf das Parkdeck des Einkaufszentrums. Einfach den Schildern »Bar na dachu« folgen – das Deck wird nämlich bislang nicht genutzt, stattdessen hat sich in einer Ecke eine Rooftop-Bar eingenistet. Man fragt sich, wer die Idee dazu hatte, wird dort oben doch jedes Jahr ab ungefähr Mitte Mai der Sommer mit Longdrinks und Snacks zelebriert. Die Liegestühle werden mit karibischen Rhythmen beschallt, die nackten Füße ruhen auf Kunstrasen. Fehlt eigentlich nur noch der Pool und Meerblick. Zumindest die Ostsee kann man sich vorstellen, nah genug ist sie ja.

Zu Füßen liegt einem der Stadtteil Langfuhr, also die Sujets von Günter Grass' Romanen. Die Gebäude der ehemaligen Aktienbrauerei erkennt man ohne Mühe, auch der Glockenturm der Herz-Jesu-Kirche lässt sich ausmachen. Schwieriger wird es da schon mit dem Strießbach (Strzyża), der überbaut wurde und nur sporadisch an der Oberfläche fließt.

Wrzeszcz hat sich stark verändert und mit Grass' Welt nicht mehr allzu viel zu tun, die Kleinbürgeroase zwischen Radaune und Ostsee hat größtenteils einer modernen Vorstadt Platz gemacht, einem Zwischenstück in der zusammengewachsenen Bebauung der Siedlungen der Dreistadt, der Trójmiasto. Zur anderen Seite fällt der Blick über Schienenstränge, Schnellstraßen und Bürotürme bis zur Danziger Innenstadt. Einzig der Hagelsberg und damit die Hangkante jener Moränenlandschaft, die einst die Weichsel schuf, schieben sich dazwischen.

Bis in den September hinein kann man sich in der Bar na dachu den Wind um die Nase wehen lassen, dann werden die Liegestühle eingemottet und der Kunstrasen für einen langen grauen Winter eingerollt. Die Karibik muss bis zum Frühjahr warten.

Adresse Galeria Metropolia, Jana Kilińskiego 4, 80-266 Gdańsk | ÖPNV S-Bahn, Haltestelle Wrzeszcz | Öffnungszeiten täglich 12–22 Uhr | Tipp Eine der kleinen Brücken über den Strießbach, auf denen Grass' Protagonisten so gern stehen, findet sich noch zwischen den Straßen Grażyny und Wallenroda.

14 Die Bar Turystyczny

Das Phänomen der Milchbar

Es mag zunächst verwirrend erscheinen, dass die Schlange vor der Bar Turystyczny hauptsächlich aus polnisch sprechenden Gästen besteht. Während internationale Touristen oft angestrengt auf der Suche nach authentischer polnischer Küche sind, zieht es die Einheimischen vor allem mittags in sogenannte Milchbars wie die Bar Turystyczny. Und der Name täuscht: Authentischer kann man kaum speisen.

Milchbars wurden in Polen Anfang des 19. Jahrhunderts als vegetarische Tagesrestaurants erfunden, die hauptsächlich Speisen aus Eiern, Milchprodukten und Mehl anboten. Ihr Name ist also nicht dem Umstand geschuldet, dass sie keine Schanklizenz besitzen, wie man immer wieder hört. Während ihrer Blütezeit in der sozialistischen Ära wurde Fleisch jedoch zurück auf die Karte befördert – und zwar nicht zu knapp! Die angebotenen Gerichte waren einfach, schmackhaft und preisgünstig, oft subventioniert und bis auf den letzten Groshy kalkuliert.

Auch heute gibt es noch viele solcher Einkehrmöglichkeiten, die jedoch nicht zwangsläufig das Wörtchen »Milchbar« im Namen tragen. Sie ähneln in gewisser Weise Werkskantinen: mit Plastiktabletts, Selbstbedienung und vorgekochten Standardgerichten, die jedoch eine verlässliche und kalkulierbare Qualität bieten. Sie sind daher genau das Richtige, wenn es in der Mittagspause schnell gehen muss und der Fokus auf der Proteinaufnahme liegt statt auf geselligem Beisammensein.

Oftmals sieht man ganze Familien, die in der Milchbar Platz nehmen, um ein effizientes, günstiges und extrem kinderfreundliches Menü zu genießen. Für Gemütlichkeit und ausgedehnte Treffen sind die Restaurants und Kneipen zuständig, die allerdings erst ab dem späten Nachmittag oder abends besucht werden. Vegetarier werden heute in der Milchbar nicht recht froh – es sei denn, ihnen steht der Sinn nach einem sozialistischen Kinderklassiker: Nudeln in Milchsoße.

Adresse Szeroka 8/10, 80-835 Gdańsk, www.bar-turystyczny.pl | **ÖPNV** wenige Minuten zu Fuß von der Bus- und Tramhaltestelle Hucisko | **Öffnungszeiten** täglich 8–18 Uhr | **Tipp** Sollte die Schlange zu lang sein, lässt sich auf das Restauracja Kos in der Tkacka ausweichen. Auch hier handelt es sich trotz des Namens um eine echte Milchbar!

15 Der Bazar

Allerhand Eingelegtes

Das überschaubare Geviert des Bazars ist ein beliebter Treffpunkt für Einheimische und Touristen gleichermaßen, die hier die Chance haben, lokale Lebensmittel aus erster Hand zu kaufen. Es ist bekannt, dass die Produkte auf dem Bazar überwiegend von lokalen Bauern stammen, also frisch geerntet wurden.

Die polnischen Supermärkte sind, was Frischware angeht, notorisch schlecht sortiert, das darf man so festhalten. Schon deswegen ist der Besuch auf dem kleinen Open-Air-Markt in der Altstadt Pflicht. Der Bazar wird von ein paar Foodtrucks flankiert und ist an jedem Werktag geöffnet. Im Angebot sind vor allem Gemüse der Saison, aber auch so typisch polnische Lebensmittel wie saure Gurken, eingelegte Pilze und Fasssauerkraut in verschiedenen Varianten. Egal, ob ganze Sonnenblumenköpfe, unterschiedliche Kartoffelsorten, Beerenobst, frische Pfifferlinge, auf dem Bazar kommt man spürbar günstiger weg und ersteht dennoch bessere Qualität als bei den großen Ketten.

Um die Nahversorgung steht es in Danzigs Altstadt nämlich nicht zum Besten. Kioske, Supermärkte und überteuerte Spezialitätenläden haben die Viertel unter sich aufgeteilt – und so kommt dem kleinen Bazar eine zentrale Funktion zu: die Bewohner und Besucher der Altstadt mit frischen, lokalen Produkten zu erschwinglichen Preisen zu versorgen. Natürlich trägt der Bazar damit zur Förderung der regionalen Wirtschaft bei, indem der Verkauf von Produkten kleiner landwirtschaftlicher Betriebe unterstützt wird. Durch den direkten Verkauf auf dem Markt ohne weitere Zwischenhändler können die Produzenten ihre Ware zu fairen Preisen anbieten und gleichzeitig einem breiteren Publikum zugänglich machen. Der Bazar ist somit ein wichtiger Bestandteil der lokalen Wirtschaft und ein Ort der Begegnung für Menschen verschiedener sozialer Schichten und Kulturen, die hier gemeinsam einkaufen und sich austauschen.

Adresse zwischen Lawendowa und Pańska, 80-884 Gdańsk | **ÖPNV** 7 Minuten zu Fuß von der Bus- und Tramhaltestelle Hucisko | **Öffnungszeiten** Mo–Sa 9–17 Uhr | **Tipp** In der Pańska, unmittelbar gegenüber dem Marktgeschehen, lockt das Sklep Pańska mit einem ganzen Blumenstrauß an kleinen, feinen und handgemachten Mitbringseln.

16 Die Beischläge

Schutz vor Hochwasser und Zeichen von Wohlstand

Hübsch anzusehen und aufgrund der zahlreichen Cafés und Bernsteinläden bei Besuchern äußerst beliebt ist die gesamte Mariacka, die Frauengasse. Die schmucke Straße wurde auf beiden Seiten komplett rekonstruiert und ist samt ihrer Aufgänge und Vorbauten den Fußgängern vorbehalten. Unterhalb dieser terrassenartigen Vorbauten befanden sich einst die Keller der Häuser, bis sie schrittweise in kleine Läden umgewandelt wurden.

Die Mariacka und die anliegenden Gassen wurden auf dem sumpfigen Gelände zur Mottlau hin errichtet und standen allzu oft mit den Füßen im Wasser, daher liegen die eigentlichen Eingänge leicht erhöht und wurden mit den sogenannten Beischlägen vor Hochwasser geschützt. Diese Vorbauten sind weder eine Eigenart der Mariacka noch Danzigs oder Polens, sondern im gesamten Ostseeraum zu finden. Steinmetze und Künstler konnten sich jedoch woanders kaum dermaßen austoben wie in der reichen Hansestadt Danzig und in der Kaufmannsgasse Mariacka.

Ursprünglich waren die Freisitze aus Holz gefertigt, dann aus Stein, und in der Epoche der Renaissance entbrannte ein wahrer Wettbewerb zu ihrer Ausgestaltung. Neben Säulen und Geländern ist das Bestiarium bemerkenswert, die Fabelwelt an Tierwesen, die dort als Ornament oder gleich als Skulptur Eingang gefunden hat. Drachen und Krokodilwesen leiten das Wasser über die Beischläge, Löwenfiguren oder Vogelwesen halten Wache. Danzigs Reichtum war repräsentativer Natur, er musste gezeigt werden – auch anhand der Vorbauten sollten Rückschlüsse auf die Familie und die Erbauer möglich sein.

Ebenso reich eingefasst zeigen sich die Portale der Häuser. Offen sind sie aber nur dann, wenn inzwischen ein Geschäft oder Gastronomie dort eingezogen ist. Die Wohnetagen der Danziger Altstadthäuser sind heute über den Hof zugänglich, also von hinten. Das repräsentative Portal hat ausgedient beziehungsweise erschließt lediglich das Erdgeschoss.

Adresse Mariacka, 80-833 Gdańsk | **ÖPNV** 10 Minuten zu Fuß von der Bus- und Tramhaltestelle Hucisko | **Tipp** Die Bernsteinläden der Mariacka in allen Ehren, aber Zbigniew Strzelczyks Werkstatt um die Ecke am Mottlau-Ufer gilt als allererste Adresse – insbesondere für Reparaturarbeiten.

17 Die Brigittenkirche

Zeichen der Solidarität

Die Danziger Brigittenkirche spielte eine wichtige Rolle für die Solidarność-Bewegung um den späteren Präsidenten und damaligen Arbeiterführer Lech Wałęsa. Den Namen hat die Kirche von der heiligen Birgitta von Schweden, die 1373 in Rom starb, anschließend aber nach Schweden überführt wurde. Ihre Überreste sollen vorübergehend in einer kleinen Kapelle in Danzig aufgebahrt worden sein – dem Vorläufer der Brigittenkirche.

Während des Ausnahmezustands 1980 wurde die Kirche zum neutralen Treffpunkt für die Gewerkschaftsbewegung und diente als Ort für Versammlungen und Diskussionen über die Rechte der Arbeiter und die politische Lage im kommunistischen Polen. Die Priester der Brigittenkirche fungierten regelmäßig auch als Vermittler zwischen streikenden Arbeitern und der Regierung und halfen dabei, friedliche Lösungen zu suchen. Der Kirchenprobst Henryk Jankowski war zugleich der Beichtvater Lech Wałęsas und einer der Ersten, die die Streikenden offen unterstützten.

Aufgrund dieser Vorgeschichte ist die Brigittenkirche heute ein Pilgerziel für viele Polen. Schon an der Fassade verweist ein gestanztes Blech mit dem Schriftzug »Solidarność« auf die Vergangenheit. Das Innere bewahrt die Erinnerung an die Protagonisten der Bewegung und klärt über die geschichtlichen Umstände auf, allerdings auf Polnisch. Auch wer dieser Sprache nicht mächtig ist, spürt die politische Aufgeladenheit der alten Kirche und kann sich der feierlichen Atmosphäre kaum entziehen. Dieses Gebäude würdigt spürbar den Sieg über autoritäre Strukturen.

Kernstück der Kirche ist der ebenso monumentale wie filigran gearbeitete Altar aus Bernstein. Dieser ist samt der aufstrebenden Lilie den 28 Arbeitern gewidmet, die bei den ersten Streiks von 1970 ums Leben kamen. Ein Monument der Trauer, das aber so sehr strahlt, dass der Widerstand posthum als Triumph erscheint. Der Altar wird gegenwärtig weiter ergänzt und komplettiert.

Adresse Profesorska 17, 80-856 Gdańsk, www.brygida.gdansk.pl | ÖPNV Bus 100, Haltestelle Katarzynki 01 oder in 10 Minuten zu Fuß vom Hauptbahnhof | Öffnungszeiten Mo–Sa 10–18.30 Uhr, So 13.30–18.30 Uhr | Tipp Das Wandbild an der Ecke zur Mniski zeigt den 2019 an den Folgen eines Attentats gestorbenen liberalen Bürgermeister Danzigs Paweł Adamowicz und illustriert die Kämpfe der heutigen Zeit.

18__Das Café Perro Negro

Schwarz ist das Getränk, schwarz ist der Hund

Schräg gegenüber vom altehrwürdigen Restaurant Gdánsk ist man auf der Höhe der Zeit: Im Perro Negro dreht sich seit ein paar Jahren alles um Kaffeespezialitäten – und natürlich um den namensgebenden schwarzen Hund des Besitzers, der zuweilen um die Tische strolcht. Geröstet und geblendet wird selbst, nicht vor Ort, sondern außerhalb der Innenstadt.

Aus der Maschine läuft Espresso mit hohem Arabica-Anteil, andere Blends kann man aus der French Press bestellen und die Unterschiede erschmecken. Belehrt wird man hier nicht, es sind Überzeugungstäter am Werk, keine missionarischen Hipster. Guter Kaffee spreche für sich selbst, und wer einmal einen erstklassigen Flat White bestellt habe, der wolle schnell einen zweiten und komme anderntags wieder, sagt der Chef. Auch beim losen Tee wird Wert auf erstklassige Qualität gelegt, wie man sie in Danzig, wo ansonsten der Teebeutel regiert, selten findet.

Das Interieur ist wildes und buntes, aber geschmackvolles Stückwerk, das Publikum völlig gemischt: Von älteren Damen über junge Backpacker bis zu Businessmenschen ist alles dabei. Warme Küche gibt es nicht, wohl aber Cookies und Sandwiches (Kanapki) und einen wahren Star der Gegend, den Ciasto dnia, also den »Kuchen des Tages«. Das ist immer nur eine Kuchen- oder Tortenkreation, die eine Freundin des Hauses sich jeweils einfallen lässt. Sie wird stückweise zusammen mit Kaffee serviert. Ganz besonders schnell geht die Schokoladenvariante über den Tresen. Diese hat ein eigenes Fanpublikum, das regelmäßig Schlange steht, sobald sie online angekündigt wurde.

Eine weitere Spezialität des Hauses ist der Espresso Tonic: Eiswürfel, Tonic-Wasser, Espresso und gegebenenfalls noch ein Schuss Himbeersirup – fertig ist das spritzige Kaffee-Kaltgetränk für den Hochsommer! Klingt verwegen? Nun, das ist es auch. Aber sonderbarerweise funktioniert es.

Adresse Świętego Ducha 37/39, 80-834 Gdańsk | ÖPNV 5 Minuten zu Fuß von der Bus- und Tramhaltestelle Hucisko | Öffnungszeiten täglich 11–21 Uhr | Tipp Ganz in der Nähe, in der Mariacka, wimmelt es nur so von Cafés, eines bekannter als das andere. Das Drukarnia beispielsweise residiert in einem bildhübschen Backsteinbau.

19 Die Chlebnicka 48

Auferstanden aus Ruinen

Größtenteils sieht man gar nicht, was original ist und was nach dem Zweiten Weltkrieg neu aufgebaut wurde – obwohl 1945 fast die gesamte Rechtstadt und große Teile der Innenstadt in Schutt und Asche lagen. Der Wiederaufbau der 1950er Jahre orientierte sich aus verständlichen Gründen mehr an den niederländischen, englischen und italienischen Einflüssen als an den preußischen. Das 19. Jahrhundert wurde also gewissermaßen übersprungen, als es galt, die Fassaden wiederherzustellen. Oftmals haben die historisierenden Fassaden mit den Häusern dahinter gar nichts mehr gemein, denn deren Zuschnitte wurden modernisiert, und in den Innenhöfen wurde auf Ausschmückung verzichtet.

Die Fassaden ganzer Häuserzeilen sind häufig aus einem Guss, die Gliederung erfolgte oberflächlich und nach den historischen Vorbildern: Auf dem Barockgiebel des Wohnhauses in der Chlebnicka 48 erkennt man gut sichtbar die Jahreszahl 1966. Oft erzählen die seltsam gleichartigen Fallrohre der Regenrinnen vom Wiederaufbau, ebenso wie die Innenhöfe, in denen die Illusion von Altbauten gar nicht mehr aufrechterhalten wird. Das Innenleben der Wohnhäuser wurde nur dann rekonstruiert, wenn es sich um einen geschichtlich bedeutsamen Bau handelte, wie es zum Beispiel beim Rechtstädtischen Rathaus oder bei den Bürgerhäusern der Langgasse und des Langen Marktes der Fall ist. Sonst aber wurde Danzig blockweise wiedererrichtet und zur Straße hin die gewohnte Ansicht gewahrt, nach hinten hin wich man jedoch vom historischen Vorbild ab.

Der Zugang zu den allermeisten Wohnhäusern erfolgt heutzutage vom Hof aus, während vorn jeweils ein Geschäft eingezogen ist. Manche Straßenzüge in der Altstadt, wie beispielsweise die Szeroka/Ecke Tandeta, geben das Spiel mit der Illusion abschnittsweise ganz auf und zitieren die Satteldächer und die Fassadengliederung der einstigen Bebauung nur skizzenhaft.

Adresse Chlebnicka 48, 80-833 Gdańsk | **ÖPNV** 10 Minuten zu Fuß vom Hohen Tor und der Bus- und Tramhaltestelle Brama Wyżynna | **Öffnungszeiten** nur von außen zu besichtigen | **Tipp** In der Tokarska blickt man auf die Glas- und Stahlfassade eines Hotelneubaus, der vom Mottlau-Ufer aus aussieht wie ein altehrwürdiges Speichergebäude.

20 Das Conradinum

Wo Grass die Schulbank drückte

Günter Grass ist in Polen als einer der herausragendsten deutschsprachigen Schriftsteller bekannt, wobei seine kaschubischen und polnischen Wurzeln oft hervorgehoben werden. Als er 1999 den Literaturnobelpreis erhielt, nannte eine große polnische Zeitung ihn »unser Grass«. Seine Danziger Herkunft und viele Teile seines literarischen Werks, insbesondere die »Danziger Trilogie«, beziehen sich auf Orte seiner Kindheit im Stadtteil Langfuhr (heute Wrzeszcz), einschließlich des Realgymnasiums Conradinum, das er selbst besuchte. Die deutschsprachige Schule wurde bereits 1801 gegründet und geht auf eine Stiftung des preußischen Freiherrn von Conradi zurück, daher der Name.

In seiner Novelle »Katz und Maus«, dem zweiten Werk der Trilogie, stellt Grass den guten Ruf der Schule unter den deutschsprachigen Danzigern in Frage und zeigt, wie die nationalsozialistische Ideologie die aufklärerischen Werte verdrängte und völkische und militaristische Erziehungsziele in den Vordergrund rückten: Das Gymnasium lehrt den Gehorsam, die vermittelten zentralen Tugenden sind Mut, Rücksichtslosigkeit und Opferbereitschaft für die neue Volksgemeinschaft. Kriegsverherrlichung findet in der Schule auch durch Vorträge von Ritterkreuzträgern statt. Grass zieht den Militärorden ins Lächerliche, was ihm in der Bundesrepublik von rechtsnationaler Seite teils heftige Kritik einbrachte. Auch in der »Blechtrommel« und im die Trilogie abschließenden Band »Hundejahre« fungiert das Conradinum als Schauplatz.

Das historische Gebäude des Conradinums hat den Krieg unversehrt überstanden und wurde zunächst als Schiffbauschule und später als weiterführende Schule genutzt. Heute ist es samt Innenhof unter dem Namen »Szkoły Okrętowe i Ogólnokształcące Conradinum« (Schifffahrts- und Allgemeinbildende Schule Conradinum) öffentlich zugänglich und bewahrt so auch seinen historischen Namen.

Adresse Szkoły Okrętowe i Ogólnokształcące Conradinum, Grzegorza Piramowicza 1/2, 80-218 Gdańsk | ÖPNV Tram 2, 5, 6, 9, 11, Haltestelle Politechnika | Öffnungszeiten Hof untertags offen, Portal und Schriftzug von der Straße aus einsehbar | Tipp Eine Haltestelle weiter offeriert die Milchbar »Akademicki Bar Mleczny« seit mehr als einem halben Jahrhundert günstiges Mittagessen.

21 Die Cukiernia Umam

Gebäck vom anderen Stern

»Umam« ist die Kurzform für den Namen des fünften Geschmackssinns, Umami – also: herzhaft, würzig, fleischig. Damit aber hat die Patisserie mitten in Danzigs Altstadt so gar nichts zu tun, ihr Augenmerk liegt auf äußerst feinen Törtchen, Pralinés und Macarons. Das kleine Ladengeschäft fungiert gleichzeitig als Café und wirkt sehr aufgeräumt. Präzision und Feinsinn dominieren das Interieur und die Kunstwerke, die der Konditormeister Krzysztof Ilnicki hier kreiert, präsentiert und verkauft. Laut der Gastronomischen Akademie Europas ist er gegenwärtig der beste Patissier Polens, zudem ist er Gewinner des Prix AIG (Académie Internationale de la Gastronomie). Ilnicki hat in England gelernt und war beim Gottvater der englischen Sterneküche tätig, in Marco Pierre Whites Restaurant Mirabelle, bevor er nach Danzig zurückkehrte und sich dort selbstständig machte.

Die mit Ganaches, Mousses und Cremes gefüllten farbenfrohen Törtchen sind günstiger als ein Glas Wasser im Sternerestaurant und damit allgemein zugänglich. Besonders erfreulich ist, dass Ilnicki und seine Crew mit Zucker vorsichtig umgehen, die Süße soll den Eigengeschmack der verwendeten Zutaten nicht übertünchen. Dies wiederum hat zur Folge, dass man von den Törtchen mühelos mehrere auf einmal vertilgen kann, bei den im Mund fein aufplatzenden Macarons sind einem sowieso kaum Grenzen gesetzt. Der dazu servierte Illy-Kaffee passt hervorragend, nur sollte man sich beim Dippen der Macarons nicht erwischen lassen.

Die Patisserie Umam verdient ihr Geld hauptsächlich mit Wiederverkäufern, der Ausrichtung von Dessert-Büfetts und der Herstellung von Hochzeitstorten. Der Laden dient gewissermaßen als Showroom, produziert wird an einem anderen Standort. Für uns ist das ein großes Glück, denn wann hat man sonst schon mal die Gelegenheit, sich quer durch die Produkte eines Patissiers auf Sterne-Niveau zu testen?

Adresse Umam Cukiernia, Grobla II 12/14/c1, 80-835 Gdańsk, www.umam.pl | **ÖPNV** Bus 100, Haltestelle Targ Drzewy; alternativ von der Bus- und Tramhaltestelle Hucisko die Szeroka hinunterlaufen | **Öffnungszeiten** täglich 10–20 Uhr | **Tipp** Wer noch nicht genug hat, der zieht weiter zum Café Eklerownia in der Straganiarska: Dort hat man sich auf sahnige Eclairs spezialisiert.

22 Die Damm-Uhr

Allgegenwart der Zeit

Carillons nennt man Glockenspiele, die spielbar sind, also entweder durch eine Klaviatur oder eine Mechanik verschiedene Melodien intonieren können. In Danzig spielen gleich zwei davon auf, mehr als irgendwo sonst in Polen. Eines befindet sich in der Katharinenkirche, das zweite im Rathaus. Seit 1561 hängt im Rathausturm ein Glockenspiel, das eindrucksvoll demonstriert, wie der Rat, das Kaufmanns- und das Bürgertum es mit Kirche und Adel aufnahmen. Seitdem wurde es mehrfach ergänzt, renoviert und erweitert. Erst im Jahr 2000 wurden 23 weitere Glocken hinzugefügt, sodass das Glockenspiel heute aus insgesamt 37 Glocken besteht. Zu jeder vollen Stunde ertönen diese, besonders lange aber um 12 Uhr mittags.

Zeitmessung ist in Danzig so kunstvoll omnipräsent wie in kaum einer anderen europäischen Stadt. Das betrifft einerseits den Rathausturm, aber auch die Rückseite der Marienkirche, die sogenannte Damm-Uhr. Diese ist fast auf Höhe des Dachstuhls angebracht und mit fünf Metern Durchmesser des Zifferblatts so groß geraten, dass die Zeit noch aus mehreren Kilometern Entfernung abgelesen werden kann. Das Uhrwerk samt dem mit Sternen verzierten Blatt stammt vom Uhrmachermeister Hans Konnath und wurde 1637 fertiggestellt – auf Wunsch der Danziger Bürger und von diesen finanziert, damit auch jene um die Zeit wissen, die nicht den Rathausturm einsehen konnten. An den Danziger Uhrwerken und der Präsenz der vergehenden Zeit zeigt sich also nicht nur die Macht des Danziger Bürgertums, sondern auch, wie sich die beginnende Moderne auf Gedeih und Verderb der messbar gemachten, eingeteilten und daher drängenden Zeit abhängig machte. Das Sprichwort, dass Zeit Geld sei, könnte aus der Hansestadt Danzig stammen!

Ab 1871 stand die Uhr an der Marienkirche jedoch für mehr als ein Jahrhundert still. Erst 1984 wurde sie instand gesetzt und wieder in Betrieb genommen.

Adresse Marienkirche, Zugang über das Portal zur Podkramarska, 80-834 Gdańsk | ÖPNV 7 Minuten zu Fuß von der Bus- und Tramhaltestelle Hucisko | Öffnungszeiten zu jeder vollen Stunde | Tipp 400 Stufen sind es bis zur Galerie des Glockenturms der Marienkirche, nur 400 Schritte, die einen von der grandiosen Aussicht über die Altstadt trennen – also los!

23 Der Dampfhammer

Die Tore zur Kaiserlichen Werft stehen offen

13 Orte innerhalb der Kaiserlichen Werft (Stoczni Cezarskiej) erschließt die neue Imperial Shipyard Route, der spektakulärste davon ist wohl die Halle mit dem alten Dampfhammer: ein mechanisch betriebenes Schlagwerk zum Stahlschmieden. Die anderen Stationen weisen zum Gutteil auf historische Ereignisse hin. Station Nummer zwölf widmet sich zum Beispiel den Streiks von 1980.

Der gesamte Spaziergang durch die Kaiserliche Werft ist ein historischer, denn das Areal steht kurz vor dem Umbau. Gearbeitet wird hier zwar noch, jedoch in Lagern und an der Logistik, nicht mehr an Schiffen – sieht man von einem Katamaranbauer einmal ab. Aber genau dies macht den Reiz aus: Das Gelände ist eben nicht steril, sondern teils in Betrieb, teils verfallen, teils bereits wiederhergestellt oder mit illustren Fremdkörpern wie dem WL4 Art Space geschmückt. Dieses Nebeneinander hat einen ganz eigenen Charme, wobei der Dampfhammer und damit Station Nummer neun neben den Schienensträngen und den Kränen das gewaltigste Zeichen jener Tage bleibt, als Schiffe noch hier und nicht auf der gegenüberliegenden Werftinsel gefertigt oder instand gesetzt wurden.

Gegründet wurde die Werft 1854. Sie baute zunächst Kriegsschiffe für die deutsche Marine, bis Danzig 1919 aus dem Deutschen Reich herausgelöst und zur Freien Stadt wurde. Unter anderem die ersten deutschen U-Boote wurden hier gefertigt. Zwischen den Kriegen führte ein Konsortium die Anlage. Nach dem Zweiten Weltkrieg wurde sie teils demontiert und zum Bestandteil der noch viel größeren Lenin-Werft auf der Insel Ostrów.

Zurecht wirbt das Stadtmarketing mit dem Spruch, 170 Jahre lang habe kein Außenstehender Zugang zur Werft gehabt, aber jetzt könne sie besucht werden. Man sollte jedoch ergänzen: Schnell noch besucht werden, bevor das große Möbelrücken beginnt und der Ort sich gänzlich verwandelt.

Adresse Imperial Shipyard Route, Station 9, Dokowa 1, 80-863 Gdańsk | **ÖPNV** Tram 3, 7, 8, 10, Haltestelle Plac Solidarności, von dort 10 Minuten zu Fuß | **Öffnungszeiten** Schmiede und Areal rund um die Uhr zugänglich, Besuch bei Tageslicht empfohlen | **Tipp** Vom Dampfhammer kommt man wunderbar zum Kran Nummer drei und kann abschließend das Gelände von 100cznia besuchen – oder andersherum.

24 Die drei Eber

Ein Wappen erzählt von einer List

Man muss schon ganz genau hinschauen, sonst übersieht man das Emblem oberhalb der steinernen Türeinfassung leicht: drei abgeschlagene Eberköpfe auf goldenem Grund. Es handelt sich um das Wappen der einflussreichen Patrizierfamilie Ferber, nach der das Portal darunter benannt ist. Die Ferbers besaßen auch eine eigene Grablege gleich nebenan in der Marienkirche.

Die Familie war erst 1415 nach Danzig gezogen, brachte es aber schnell zu Ansehen und hohen Positionen sowohl in der Kirche als auch im Rat. Dazu trug Johann Ferber 1460 wesentlich bei, als die Stadt von Rittern des Deutschen Ordens belagert wurde. Die Vorräte waren schon äußerst knapp, als der Familie nur mehr drei Schweine blieben. Diese, so sagt die Legende, seien geschlachtet und an die Verteidiger ausgegeben worden. Die abgeschlagenen Köpfe ließ Johann jedoch nicht zu Suppe verkochen, sondern mittels eines Katapults über die Stadtmauern auf die Reihen der Belagerer befördern. Diese zogen daraus folgenden Schluss: In der Stadt musste es so viel an Vorräten geben, dass man es sich leisten konnte, wertvolle Schweineköpfe über die Mauern zu werfen. Die Belagerer gaben auf, Danzig war gerettet und Johann Ferber ein Held.

Das Wappen wurde allerdings erst Johanns Sohn Eberhard verliehen, der sich einem Kreuzzug in das Heilige Land angeschlossen hatte und dort zum Ritter geschlagen wurde. Nachdem die Familie für alle Ewigkeit in den Adelsstand erhoben worden war und das Wappen der drei Eber trug, wurde Eberhard Bürgermeister von Danzig, sein Bruder Bischof der Stadt und des gesamten Ermlands (Warmia). Wobei es mit der Ewigkeit in diesem Fall nicht so weit her war, denn die Familie starb bereits 1786 aus, allerdings nicht ohne zuvor noch vier weitere Bürgermeister gestellt zu haben. Es ist also nicht übertrieben zu sagen, dass die Ferbers mehrere Jahrhunderte lang das wichtigste Geschlecht Danzigs darstellten.

Adresse Plebania 5, 80-833 Gdańsk | ÖPNV 8 Minuten zu Fuß vom Hohen Tor und der Bus- und Tramhaltestelle Brama Wyżynna | Tipp Der Familienstammsitz war das Ferberhaus in der Langgasse (Długa) 28 gleich um die Ecke.

25 Das Drei-Kreuze-Denkmal

Mahnmal für die Toten von 1970

In Westeuropa ist kaum bekannt, dass eine zentrale Forderung der streikenden Werftarbeiter von 1980 war, ein Denkmal zu errichten. Dieses sollte an die Toten der Dezember-Unruhen von 1970 erinnern, die ebenfalls von der Danziger Lenin-Werft ausgegangen waren und von Demonstrationen in ganz Polen begleitet wurden. Was als Protest für höhere Löhne und gegen die allgemeine Teuerung begann, wandte sich schnell gegen das Regime an sich. Die Folge waren ein äußerst hartes Vorgehen von Polizei und Militär sowie bürgerkriegsähnliche Zustände, in deren Verlauf offiziell 45 Menschen ihr Leben ließen. Die Ersten starben im Kugelhagel am Tor zur Danziger Werft, also dort, wo heute das Mahnmal steht. Schon während der 1970er Jahre waren immer wieder Forderungen laut geworden, den Toten ein Denkmal zu schaffen. Die Solidarność erneuerte 1980 lediglich dieses allgemeine Ansinnen.

Schon zwei Wochen bevor die polnische Regierung den Forderungen der Streikenden von 1980 schließlich nachgab, wurde ein erstes Holzkreuz an der Stelle des heutigen Mahnmals errichtet. Für Letzteres wurde in der Zwischenzeit polenweit Geld gesammelt, und es konnte bereits im Dezember 1980 enthüllt werden – als allererstes Denkmal für die Opfer kommunistischer Repression in Polen überhaupt. Es ist allen Toten der Aufstände von 1970 gewidmet, nicht nur den Werftarbeitern und auch nicht ausschließlich den Danziger Beteiligten. Es gibt sowohl in Gdingen (Gdynia) als auch in Elbing (Elbląg) und Stettin (Szczecin) ähnliche Monumente. Allerdings fallen diese nicht so monumental aus wie jenes in Danzig: Jedes Kreuz ist hier 36 Tonnen schwer und über 40 Meter hoch. Statt einer Jesusfigur hängen Anker an den Kreuzen, die Assoziation mit Golgatha ist gewollt. Metallene Reliefs in Bodennähe zeigen verschiedene Szenen aus dem Alltag der Werft und der dort beschäftigten Arbeiter.

Adresse Pomnik Poległych Stoczniowców 1970, Plac Solidarności, 80-001 Gdańsk | **ÖPNV** Tram 3, 7, 8, 10, Haltestelle Plac Solidarności | **Tipp** Direkt hinter dem Mahnmal steht der rostbraune Neubau des Europäischen Zentrums der Solidarität (Europejskie Centrum Solidarności), das umfassend über die Gewerkschaftsbewegung informiert.

26 Der einstige Bahnhof

Danzigs allererster Bahnhof

Mitten durch den Festungsring, zwischen Gertruden- und Maidloch-Bastion, verliefen die Gleise zu Danzigs allererstem Bahnhof. Heute findet man hier eine riesige Brache mitten in der Vorstadt, die aber bald verschwinden wird, zu kostbar ist das zentrumsnahe Bauland. Einen Überblick über das Gelände gewinnt man von der Bastion Maidloch.

Von 1852 bis zur Streckenerweiterung und dem Bau des Hauptbahnhofs 1896 endeten die Züge der Preußischen Ostbahn am Bahnhof Leeges Tor. Eine Pferdebahn übernahm als Vorläufer der Tram den Weitertransport der Fahrgäste bis zum Fischmarkt, weitere Gleise banden die gesamte Speicherinsel an den Güterverkehr an. 1945 wurde vom Bahnhof Leeges Tor aus die verbliebene deutsche Bevölkerung deportiert, während zeitgleich Polen aus Litauen ankamen, die in Danzig angesiedelt wurden. Anschließend wurden die Gleisanlagen als Gdańsk-Kłodno zum Güterbahnhof umfunktioniert und blieben bis 1995 in Betrieb.

Vor dem Leeges Tor, also unmittelbar zu Füßen der Bastion Żubr (Maidloch), ahnt man die Trassenführung noch. Der Damm über dem einstigen Eisenbahntor Brama Kolejowa ist allerdings provisorisch abgesperrt. Wo einst die Schienenstränge verliefen, erinnert heute ein schmuckloser Gedenkstein an die Ankunft der polnischen Bevölkerung hauptsächlich aus der litauischen Hauptstadt Vilnius. Dass Danzig seinerseits von Vertriebenen bevölkert wurde, wird gern vergessen, wenn von der Vertreibung der Deutschen die Rede ist. Die polnischen Ostgebiete waren 1939 durch den Hitler-Stalin-Pakt an die Sowjetunion gefallen und nach dem Krieg bei deren Teilrepubliken Belarus, Litauen und der Ukraine verblieben.

Der Gedenkstein steht außerhalb des Areals im Niemandsland vor der Stadt, das Bahnhofsgelände selbst ist längst an Investoren verkauft, die verbleibenden Gebäude wurden bis auf zwei denkmalgeschützte Wohnhäuser bereits abgerissen, die Gleise entfernt.

Adresse Bahnhof: Toruńska 10, 80-747 Gdańsk; Bahndamm: Mostowa 2, 80-747 Gdańsk | **ÖPNV** Bus 123, 131, Haltestelle Brama Nizinna; alternativ mit der Wassertram F5 bis zum Fährterminal Żabi Kruk, von dort zu Fuß weiter | **Tipp** Am Plac Wałowy, wo sich früher Kasernen und Exerzierplätze befanden, steht das jüngere Pendant zum Großen Zeughaus, die Mała Zbrojownia.

27 Der Erdbeermarkt

Auf die Märkte, fertig, los!

Die Bezeichnung »Targ« begegnet einem in Danzig auf Schritt und Tritt, damit werden auf Polnisch die alten Märkte bezeichnet. Wobei diese im alten Danzig nicht unbedingt ganze Plätze benötigten, es genügte der Straßenrand. Targ Rybny ist der Fischmarkt, Targ Węglowy der Kohlenmarkt und Długi Targ der Lange Markt. Der ehemalige Erdbeermarkt allerdings ist zu einem Platz geworden und heißt jetzt Plac Kobzdeja – nach dem Danziger Arzt und Oppositionellen Dariusz Kobzdej, der mehrfach verhaftet wurde und 1980 für seine Überzeugungen ins Gefängnis und in den Hungerstreik gegangen ist. Polenweit bekannt wurde er durch Solidaritätskundgebungen und seine Beteiligung am Werftstreik im August 1980. Ihm ist der Gedenkstein gewidmet, auf den die gepflasterten Wege des Grüns zulaufen. Eine Schautafel erzählt seine Geschichte, allerdings nur auf Polnisch.

Davon abgesehen stellt der Erdbeermarkt aufgrund seiner Lage am Rand der Altstadt und der Nähe zu den Gemüseständen und der Markthalle (Hala Targowa) so etwas wie einen offiziellen Zwischenstopp dar. Mit Kaffee, Gebäck oder Fastfood aus den Läden am Podwale Staromjeiskei, dem Altstädter Graben, ausgestattet, lässt man sich hier gern für ein Päuschen nieder – und wird dabei von Löwen beobachtet. Ein halbes Dutzend kleiner Löwenskulpturen sind in den Rabatten verteilt und auf dem Grün platziert, moderne Wiedergänger des Danziger Wappentiers, die erst vor ein paar Jahren aufgestellt wurden, um den Platz zu beleben.

Einen Termin im Jahr gibt es, zu dem alle ehemaligen Marktplätze zum Bersten gefüllt sind: den traditionellen Dominikanermarkt im August. Drei Wochen lang herrscht in der Stadt Ausnahmezustand, man feiert ein riesiges Volksfest. Danzig demonstriert damit die eigentliche Bedeutung des Begriffs »Jahrmarkt« und erinnert an die Dominikanermönche, die hier Mitte des 13. Jahrhunderts erstmals Markttage abgehalten haben.

Adresse Plac Kobzdeja/Podwale Staromiejskie 109/112b, 80-844 Gdánsk | ÖPNV wenige Minuten zu Fuß von der Bus- und Tramhaltestelle Hucisko; Bus 100, Haltestelle Targ Drzewny | Tipp Am spitzen Ende des Platzes zeigt der achteckige Wachturm »Kiek in de Kök« (Baszta Jacek) den einstigen Verlauf der Stadtmauer an.

28 Der Falowiec

Nicht das längste Gebäude Europas – aber fast!

Der Begriff Falowiec leitet sich vom polnischen Begriff für Welle – »fala« – ab und bezieht sich auf eine wellenartig gestreckte Form des Plattenbaus, also eine vorgefertigte Bauform, die in Danzig sieben Mal verwirklicht wurde.

Wie in ganz Polen gab es auch in Danzig ab Ende der 1960er Jahre einen starken Wohnungsmangel. Als Reaktion darauf wurden diverse Neubauprogramme aufgelegt, darunter die Errichtung der Siedlung Zaspa und neuer Wohngebiete bei Nowy Port. Die einzelnen Gebäude wurden so gestaltet, dass möglichst viele Wohnungen in ihnen untergebracht werden konnten, auch wenn diese selten größer als 40 Quadratmeter waren.

Der Falowiec in der Satellitensiedlung Przymorze von 1973 ist der Rekordhalter mit 6.000 Bewohnern, die auf 110 Wohnungen verteilt sind. Das viergliedrige Gebäude entlang der Obrońców Wybrzeża erstreckt sich über insgesamt 860 Meter und ist lang genug, um von gleich drei Bushaltestellen bedient zu werden. Trotzdem ist es nicht das längste Wohnhaus Europas, wie oft fälschlicherweise behauptet wird, sondern rangiert auf Platz drei hinter dem Wiener Karl-Marx-Hof und dem Corviale in Rom. Die Frankfurter Allee im ehemaligen Ost-Berlin misst zwar insgesamt fast zwei Kilometer, landet mit ihren wenigen hundert Metern pro Gebäudeeinheit jedoch nur auf den hinteren Plätzen. Trotz seiner vielen Durchbrüche und Durchgänge und der geschwungenen Linie wirkt der Falowiec mit seinen elf Stockwerken monumental. Die Betonsegmente wurden erst nachträglich mit getönten Dämmplatten verkleidet und sehen daher auf der Parkseite recht ansehnlich aus.

Die Gegend um Przymorze ist bei den Bewohnern aufgrund der frischen Luft und der Meeresnähe durchaus beliebt. Es gibt ausreichend Grünflächen und Parkplätze, aber kaum Durchgangsverkehr. Przymorze gilt daher als lebenswertes Viertel, obwohl die Wohnungen größer sein könnten.

Adresse Obrońców Wybrzeża, 80-358 Gdańsk | ÖPNV Tram 2, 4, 8, 12, Haltestelle Bora-Komorowskiego | Tipp Direkt hinter dem Gebäude beginnt der Park Prezydenta Ronalda Reagana, man kann also vom Falowiec durchs Grün ans Meer spazieren.

29 Die Fassadeninschriften

Botschaften aus der Vergangenheit

Nein, die Buchstaben sind nicht original, nicht die von Willy Jskrauts Delikatessen- und Kolonialwarenladen und auch nicht jene auf den Giebelfassaden entlang der Mottlau. Wie sollten sie denn auch überlebt haben, wo doch die Häuser in Schutt und Asche lagen? Diese deutschsprachigen Schriftzüge sind keine Überbleibsel, sie wurden aufgefrischt.

1945 übernahmen die polnischen Behörden eine fast völlig zerstörte Innenstadt voller Flüchtlinge und Wohnungsnot. Kaum jemand wollte das alte Danzig von 1939 wiederaufbauen. Vielmehr besann man sich auf das Danzig von 1772 unter polnischer – und nicht preußischer – Herrschaft und rekonstruierte das Gebiet von der Długa über die Mariacka bis zur Swiętego Ducha und dem Motława-Damm. Dennoch wurde manch eine Vorkriegstradition schnell wieder aufgenommen, wie etwa das Destillieren von »Goldwasser«. Die Namen von Straßen, Vierteln und Gebäuden wurden jedoch konsequent ausgewechselt. Wenn diese in den letzten beiden Jahrzehnten langsam erneut auftauchen, dann deshalb, weil die Danziger wieder auf das sogenannte »preußische Jahrhundert« Bezug nehmen und ihre Berührungsängste verloren haben.

Als man unlängst eine historische Tram durch die Straßen schickte, auf der »Danzig« zu lesen stand und nicht etwa »Gdańsk«, hagelte es von konservativ-polnischer Seite Kritik bis hin zum Vorwurf, die Stadt würde ihre Nazivergangenheit glorifizieren. Von einer »Straßenbahn«-Affäre« war hinfort in den Medien die Rede, und es wurde überdeutlich, wie nationalistische Kräfte danach trachten, das traditionell liberale Danzig zu diskreditieren. Das ging so weit, der Stadt einen »Krieg gegen Polen« vorzuwerfen und zu fragen, ob sie denn nach dem Anschluss an Deutschland strebe.

Die aufgefrischten Fassadeninschriften und der unverkrampfte Umgang mit dem deutschsprachigen Erbe – all das ist also bei Weitem nicht so selbstverständlich, wie es zunächst scheinen mag.

Adresse Jana z Kolna 10, 80-868 Gdańsk | **ÖPNV** Tram 3, 7, 8, 10, Haltestelle Plac Solidarności | **Tipp** Mit dem »Panorama« und dem »La Fontaine« befinden sich gleich zwei Restaurants der gehobenen Mittelklasse direkt um die Ecke. Ersteres sogar mit Panoramablick über das neue Event-Viertel 100cznia und die Werft.

30_Das Ferberpalais

Das einst verfluchte Haus

Heute deutet nichts mehr darauf hin, aber einst galt dieses Haus als verflucht. Schuld sind ein Witwer und das Portal des Anwesens.

Der einstige Danziger Bürgermeister Constantin Ferber hat den Bau des Stadtpalais im Renaissancestil in Auftrag gegeben. Ein unbekannt gebliebener Architekt vollendete das reich verzierte Gebäude 1560. Spannend ist neben der Fassadenornamentik auch die Ausgestaltung des obersten Frieses mit polnischen und preußischen Insignien sowie dem Danziger Wappen.

Viele der Danziger Stadthäuser tragen Spitznamen: das »Löwenschloss« in der Langgasse 35 wegen der Löwen am Portal, das barocke »Mohrenhaus« jenseits der Mottlau wegen der Abbildung eines Mauren im Wappen, das »Goldene Haus« der Familie Speymann wegen der üppig vergoldeten Fassadengestaltung. Die Wohnstätte der Ferbers wurde wiederum lange als »Adam-und-Eva-Haus« bezeichnet, weil das Portal eine geschnitzte Szene der Vertreibung aus dem Paradies zeigte.

Der Legende nach soll der letzte Bewohner seine wesentlich jüngere Ehefrau aus Eifersucht vergiftet haben, um anschließend Séancen durchzuführen und mit den Ahnen in Kontakt zu treten. Adam und Eva sollen ihm ebenso erschienen sein wie sein Vater und schlussendlich auch die verstorbene Ehefrau. Diese aber hatte kein Erbarmen mit ihrem Mann, sondern drohte ihm und löste sich sodann in beißenden Rauch auf. Den Witwer packte die Reue: »Habt Mitleid mit mir armem Sünder!«, soll er vom Fenster aus in die Stadt geschrien und anschließend zur Buße das Portal mit der Schnitzerei beauftragt haben. Nach seinem Tod 1786 blieb das Haus über 100 Jahre lang unbewohnt. Straftäter wurden an dem Portal vorbeigeführt, und wer sich hineintraute, um seinerseits vom Fenster aus um Milde zu bitten, dem wurde sie gewährt. Schließlich wurde das übel beleumundete Portal entfernt, es gilt bis heute als verschollen.

Adresse Długa 28, 80-827 Gdańsk | ÖPNV 7 Minuten zu Fuß vom Hohen Tor und der Bus- und Tramhaltestelle Brama Wyżynna | Öffnungszeiten nur von außen zu besichtigen | Tipp Das sogenannte Löwenschloss in der Langgasse 35 ist von ähnlicher Ästhetik wie das Ferberhaus, samt Fassadenornamentik und zahlreichen Löwendarstellungen.

31 Die Flower Tavern

(Nahezu) Unvergänglicher Blumenschmuck

In ihrem ebenso ungewöhnlichen wie wundervollen Blumenladen hat sich Floristin Maria samt Kolleginnen auf die Haltbarmachung von Blumen und Gräsern spezialisiert. Nicht alle Blumen können getrocknet werden, daher verwendet sie zudem Glycerin, um manche Pflanzen zu »stabilisieren«. Die Pflanzensäfte werden ihnen dabei zunächst durch ein Bad entzogen und anschließend durch eine Alkoholverbindung ersetzt. Das Resultat sind erstaunlich variantenreiche Bouquets, die bis zu fünf Jahre halten und sich bestens als Dekoration oder dauerhaftes Geschenk eignen.

Den hübschen Laden gibt es erst seit wenigen Jahren, aber er ist mittlerweile polenweit so bekannt, dass der Versand eine Haupteinnahmequelle darstellt. Das kleine Geschäft ist gewissermaßen nur der Showroom – aber was für einer! Er quillt über mit Sträußen aller Formen, Farben und Größen und ergießt sich bis auf die Straße. Drinnen wird derweil unablässig geflochten, sodass man einen Eindruck von der Akribie, der Geschwindigkeit und der Liebe gewinnt, mit der hier zu Werke gegangen wird.

Bevor man jedoch unbedarft einfach zugreift, sollte man sich beraten lassen und den Anlass für das Geschenk nennen. Die Sprache der Blumen hat im Polnischen ein paar ganz eigene Vokabeln und muss übersetzt werden, und vor allem die Blütenfarben haben versteckte Bedeutungen. Veilchen zum Beispiel verschenkt man nur, wenn es etwas zu verzeihen gibt. Den kleineren und größeren Gebinden im Laden ist daher jeweils eine Symbolik zu eigen, die man besser erfragt, als nach Gutdünken zuzugreifen. Die Damen verstehen sich zudem auf Sonderwünsche und fertigen auch individuelle Sträuße an. Unmittelbar vor dem Überreichen werden Blumen in Polen übrigens immer entpackt, und zwar von unten nach oben. Trockenblumen gelten durchaus als romantisch und sind inzwischen sogar als Brautsträuße beliebt, denn immerhin stehen sie für Haltbarkeit!

Adresse Świętego Ducha 26/30, 80-834 Gdańsk, www.flowertavern.pl | ÖPNV 5 Minuten zu Fuß von der Bus- und Tramhaltestelle Hucisko | Öffnungszeiten Mo–Sa 10–19 Uhr, an Feiertagen geschlossen | Tipp Frische Blumen gibt es auf dem Markt an der nahen Nikolaikirche, der einzigen gotischen Backsteinkirche Danzigs, die 1945 nicht zu Schaden kam.

32 Die Flüstergrotten

Die Ohren des Dionysos

Zisterzienserabteien wie diejenige in Oliwa stellten im Grunde Selbstversorgungsbetriebe dar. Will heißen: Für Tand war weder Zeit noch Platz. Auch rund um das Oliwa-Kloster existierte anfangs lediglich ein Nutzgarten. Erst aufgrund der Initiative des Abtes Jacek Hiacynt Rybiński wurde zwischen 1754 und 1756 der Barockgarten mit seinen typischen geometrischen Formen angelegt. Die spielerischen Elemente kamen zwei Jahrzehnte später hinzu, nachdem das Kloster an Preußen gefallen war. Ein Landschaftsgärtner aus Potsdam nahm sich der Anlage an und begann diese nach der neuesten Mode umzugestalten. Wilder sollte es zugehen, natürlicher und märchenhafter.

Künstliche Hügel wurden geschaffen, dazu eine englisch-chinesische Erweiterung des Parks, dem Bach wurde eine romantisch rauschende Kaskade verpasst, ein Tempelchen fand ebenfalls Platz, und an jeder Ecke wurden Skulpturen aufgestellt. Zur Erheiterung der neuen adligen Besitzer wurden zwei Flüstergrotten eingerichtet: Wer in der einen sitzt, versteht jedes Wort, das in der gegenüberliegenden gesprochen wird. Nur die Umstehenden bekamen nicht mit, wie die Flüsterworte hin und her flogen. »Ohren des Dionysos« wurden sie nach dem gleichnamigen höhlenartigen Steinbruch auf Sizilien getauft, der eine ähnlich brillante Akustik aufweist. Namenspatron ist also nicht der Gott der Wollust und des Weines, sondern der Tyrann Dionysos von Syrakus.

Bald jedoch war Schluss mit den Flüsterspielen, den Erben ging das Geld aus, um den Park zu unterhalten, und dieser wanderte in neue Hände. Einige exotische Pflanzen sowie ein ganzes Alpinarium – akklimatisierte Pflanzen aus dem Alpenraum – wurden von den folgenden Besitzern hinzugefügt, bis der Park schließlich 1924 an die Stadt fiel, von der er seitdem gehegt und gepflegt wird. Die Flüstergrotten haben all den Wandel überlebt und sind noch immer vollkommen funktionsfähig.

Adresse Park Oliwski, Opata Jacka Rybińskiego, 80-001 Gdańsk | ÖPNV Tram 2, 4, 6, 8, 12, Haltestelle Oliwa unmittelbar vor dem Parkeingang | Öffnungszeiten Mai–Sept. täglich 5–23 Uhr, Okt.–April täglich 5–20 Uhr | Tipp Am Oliwa-Bach wandert man landeinwärts bis auf die Danziger Höhe oder in die Siedlung Oliwa.

33 Das Frachtschiff Sołdek

Unter Dampf

Die Sołdek, der einzige erhaltene dampfgetriebene Kohle- und Erzfrachter der Welt, liegt seit 1985 als Museumsschiff in Danzig und zieht seither zahlreiche Besucher an. Diese können bis in den Bauch des Schiffs vordringen, den Maschinenraum erkunden und sich von den imposanten zusammengenieteten Stahlplatten der Außenhaut faszinieren lassen. Als Prototyp einer ganzen Schiffsreihe wurde die Sołdek in der berühmten Danziger Werft entworfen und gebaut und lief dort 1948 als erstes polnisches Schiff nach dem Zweiten Weltkrieg vom Stapel.

Die Sołdek ist für die Danziger und ganz Polen von sentimentaler Bedeutung, steht sie doch für den Beginn des Nachkriegsaufschwungs der Werft und der Arbeitergeschichte im Sozialismus. Bis zu ihrer Außerdienststellung im Jahr 1981 absolvierte das Schiff 1.479 Fahrten und transportierte insgesamt 3,5 Millionen Tonnen Material.

Heute ist die Sołdek integraler Bestandteil des Nationalen Schifffahrtsmuseums auf der Ołowianka-Insel und über dieses zugänglich, liegt also mitten in der Altstadt, schräg gegenüber dem Krantor. Obwohl das Schiff noch funktionsfähig ist, bleibt es unbewegt und dient stattdessen als lebendiges Beispiel für die industrielle Schiffbautechnik und Frachtschifffahrt des 20. Jahrhunderts – ein technisches Denkmal, das fortwährend gepflegt und instand gehalten werden muss. Eine Ausstellung unter Deck informiert über die Entwicklungen im polnischen Schiffsbau und die Arbeitsbedingungen auf der Werft, doch das eigentliche Highlight ist das Schiff selbst: das erhöhte Achterdeck, die Mannschaftskabinen, die Laderäume und der voll ausgestattete Maschinenraum mit seinen beiden beeindruckenden Dampfkesseln. Beim Rundgang kann man fast das Vibrieren des Schiffsrumpfs und das Dröhnen der Maschinen spüren, als ob man in die Vergangenheit zurückversetzt würde, als es noch hieß: »Volle Fahrt voraus!«

Adresse Narodowe Muzeum Morskie w Gdańsku, Ołowianka 9–13, 80-751 Gdańsk, www.nmm.pl | ÖPNV Bus 100, Haltestelle Targ Rybny, von dort zu Fuß über die Brücke | Öffnungszeiten Di, Do–So 10–16 Uhr, Mi 13–16 Uhr, letzter Einlass eine Stunde vor Schließung | Tipp Absolut sehenswert ist die Hochseeboje direkt vor dem Museumseingang. So etwas sieht man ja sonst nie aus der Nähe!

34 Der Friedhof der Friedhöfe

Verschwunden, aber nicht vergessen

Insgesamt 27 größere und kleinere Friedhöfe in und um Danzig wurden im Nachgang des Zweiten Weltkriegs von den polnischen Behörden eingeebnet. Auch unter den Toten sollte es keine Deutschen mehr geben, als Danzig zur Stadt der Polen wurde. Solch ein Anschlag auf das kollektive Gedächtnis und nicht zuletzt das kulturelle Erbe Danzigs funktioniert, wenn überhaupt, freilich nur über einen gewissen Zeitraum. Inzwischen ist die Atmosphäre in Danzig längst eine andere, die deutsche Vergangenheit wird mehr betont als verschwiegen. Und die vorsätzliche Einebnung ganzer Friedhöfe wird eher als vorsätzliche Schändung wahrgenommen und nicht als verständliche Reaktion auf die Jahre der Naziherrschaft. Diese kann zwar nicht rückgängig gemacht werden, wohl aber aufgefangen: im Friedhof der nicht mehr existierenden Friedhöfe.

Dieser wurde von der Stadt Danzig 2002 in Nachbarschaft zur katholischen Fronleichnamskirche ausgewiesen, um einen Ort für die Toten und die Trauer zu schaffen – unabhängig von Religion oder Nationalität. Was noch an Relikten der einzelnen Nekropolen auffindbar war, wurde auf den Friedhof der Friedhöfe geschafft und unter einer denkmalartigen Grabplatte erneut begraben. Die Platte wiederum steht leicht erhöht und ist mit Symbolen aller Weltreligionen eingefasst.

Der Friedhof ist jedoch mehr als nur eine symbolische Geste: Seit 20 Jahren findet dort jeweils am 1. November ein überkonfessionelles Gebet und gemeinsames Gedenken statt. Vertreter aller monotheistischen Religionen sind vor Ort, und zuletzt waren auch der Danziger Bürgermeister sowie weitere Repräsentanten der Bürgerschaft mit dabei. Es geht längst nicht mehr um Reue oder Schuld, sondern darum, der jahrhundertelangen, ausgesprochen multikulturellen Geschichte der Handelsstadt Rechnung zu tragen. Auch oder gerade dort, wo polnische Instanzen diese verdrängen wollten.

Adresse Cmentarz Nieistniejących Cmentarzy, 3 Maja, 80-802 Gdańsk | ÖPNV vom Hauptbahnhof wenige Minuten zu Fuß | Öffnungszeiten rund um die Uhr zugänglich | Tipp Die Fronleichnamskirche wurde als Teil eines Hospitals außerhalb der Stadtmauern erbaut. Wegen der Ansteckungsgefahr wurde die Kanzel außen angebracht.

35 Die Fußgängerüberführung

Bester Blick auf die alten Hafenkräne

Neben den nagelneuen Fußgängerbrücken über die Mottlau in der Innenstadt, die in diesem Buch Erwähnung finden, sei auch noch eine dritte genannt: die leider namenlos gebliebene Fußgängerüberführung der S-Bahn-Station. Sie führt von der Kolejowa-Straße über die Schienenstränge bis zum Gelände der ehemaligen Schichau-Werft, beginnt also direkt hinter dem sogenannten »Hain der Mütter und Väter« (Gaje Matek i Ojców). Das ist eine von mehreren Baumschulen in den Danziger Parks, die aus Pflanzungen für den Nachwuchs bestehen: Die Eltern eines bestimmten Jahrgangs pflanzen Setzlinge, die diesen später an die Vorgängergeneration erinnern sollen.

Ein Spaziergang über die Brücke versetzt einen in die Zeit zurück, in der die Werftarbeiter morgens in Scharen zur Arbeit strömten. Heute wird der Übergang eher spärlich genutzt und von Touristen links liegen gelassen, was bedauerlich ist, denn der Blick über die alten Werftkräne ist absolut beeindruckend. An keinem anderen Ort in Danzig kommt man den majestätischen Stahlgiganten so nahe und kann ihnen auf Augenhöhe begegnen.

Die Werft ist ein Stück Industriegeschichte und wurde 1892 vom Industriepionier Ferdinand Schichau begründet, dem sogenannten »Krupp des Ostens«. Schichau produzierte unter anderem Dampfmaschinen und Schiffsteile in Elbing, doch die dortigen Werftanlagen waren zu klein für die Konstruktion größerer Schiffe. Daher kaufte er der Stadt Danzig das Gelände um die ehemalige Kalkschanze und am Güterbahnhof Danzig-Oliwa ab. Zeitweilig unterhielt Schichau dort ganze sieben Helligen, also sieben Flächen, auf denen große Schiffe gleichzeitig gebaut und beim Stapellauf unabhängig voneinander ins Wasser gelassen werden konnten. 1950 wurde das Gelände zu einem Teil der Danziger Werft, die nun Lenin-Weft hieß. Aus dieser Zeit stammen die heute zu sehenden Werftkräne.

Adresse Kładka SKM Gdańsk Stocznia, Jana z Kolna 11, 80-001 Gdańsk | ÖPNV S-Bahn oder Tram 3, 7, 8, 10, Haltestelle Stocznia SKM | Tipp Weiter südlich überspannt der Viadukt Nowa Wałowa die Gleise. Er ist bekannt für seine mit Graffiti und Street-Art übervoll verzierten Pfeiler.

36 Das Gdańska

Tradition im Sinne des Präsidenten

Wen angesichts all der Pizzen, Hamburger und Craftbiere die Sehnsucht nach alten Zeiten packt, der wird sich hier wohlfühlen. Nichts hat sich im Restaurant Gdańska seit mehr als einem halben Jahrhundert verändert – wenn man einmal von den Preisen absieht.

Das Interieur ist überbordend: schwere Holzmöbel, Samtvorhänge, Teppiche, Schiffsmodelle, Leinentischdecken. All dies mutet leicht museal an, aber sich den modernen Zeiten zu verweigern, hat Prinzip. Das Gdańska ist dem Glanz des alten Danzig gewidmet, und da braucht es eben Nippes! Ebenso der Tradition verpflichtet ist die Speisekarte: Vom Schnitzel nach Ratsherrenart über Jägereintopf (Bigos) bis hin zur Forelle nach Danziger Art bleibt alles beim Alten. Einziges Zugeständnis an die neuen Zeiten ist ein vegetarisches Gericht auf der Karte.

Die Speisenauswahl ist jedoch zweitrangig. Wer hier einkehrt, macht eine kleine Zeitreise und taucht in eine vergangene Epoche ein. Der Besuch lohnt sich ob der gemütlichen Atmosphäre vor allem im Herbst oder Winter. Ob das Restaurant nun zu den besten der Stadt gehört, darf bezweifelt werden, aber sicherlich ist es eines der bekanntesten, und der Ruhm rührt nicht zuletzt aus sozialistischen Zeiten: Das Gdańska war einst die allererste Adresse und Treffpunkt der Nomenklatura sowie derer, die es sich leisten konnten. All der Plüsch und die Staffage sind also letztlich ein Zeichen dafür, dass kleinbürgerliches Ambiente auch im Kommunismus Konjunktur hatte und diesen überlebte. Altpräsident Lech Wałęsa gehört heute noch zu den regelmäßigen Gästen und bekommt neben einem speziellen Menü stets einen pfeffrigen Wodka vorgesetzt (Wałęsówka vodka). Die »Heringe nach Art des Präsidenten« sollen auch nach dessen Geschmack sein, wenngleich Wałęsa schon seit 1995 nicht mehr Staatsoberhaupt ist, aber das stört hier nun wirklich niemanden. Einmal Präsident, immer Präsident!

Adresse Restauracija Gdańska, Świętego Ducha 16/24, 80-834 Gdańsk, www.gdanska.pl | ÖPNV 5 Minuten zu Fuß von der Bus- und Tramhaltestelle Hucisko | Öffnungszeiten von 12 Uhr »bis zum letzten Gast« | Tipp Danzig ist an traditionsbewussten Restaurants nicht gerade arm und das Restauracja Swojski Smak (Heweliusza 25/27) eine gute Alternative – wenngleich ohne Dekor.

37 Der Gdański Bowke

Tagediebe, Trinker und Schelme

Die Danziger Bowken sind fast ausgestorben. Es gibt nur noch einen einzigen, und der ziert das Schild des gleichnamigen Lokals an der Mottlau: Gdański Bowke. Das klingt ein bisschen wie eine Touristenfalle, meint es aber ernst mit verschiedenen Danziger Traditionen: dem rustikalen Essen, dem Bierbrett und eben den Bowken. Das »Bierwirtshaus«, so die Eigenbezeichnung, verspricht täglich frisch gebackenes Brot (eine Rarität!), hausgemachte Pierogi (was andernorts oft behauptet wird, aber selten wahr ist) und einen Ort, an dem die Zeit seit 200 Jahren stillsteht – obwohl das Restaurant erst 2011 eröffnet wurde.

Den Bowken wird man trotzdem nicht begegnen, will man wahrscheinlich auch nicht. »Der Bowke ist ein pfiffiger Wicht, besser ist's, man traut ihm nicht!«, reimte Johannes Trojan Ende des vorletzten Jahrhunderts über die rohen, ausgebufften Gesellen, welche die Straßen rund um das Ufer bevölkerten. »Er bummelt gern umher und glaubt, ein jeder Kniff sei ihm erlaubt.« Die Bowken machen also das aus grobem Holz geschnitzte, trinkfeste Personal rund um den Danziger Hafen aus, das insbesondere Ortsfremden gern handfesten Schabernack angeraten ließ: Tagediebe, Trinker und Schelme zugleich. So wie man in Lübeck ein »schlimmer Bube« gerufen wurde, wenn man es zu weit trieb, hieß man in Danzig »Bowke«.

Mit der einsetzenden Industrialisierung und den geregelten Arbeitszeiten verschwand diese volkstümliche Figur jedoch allmählich. Sie hat lediglich in Form von Sagen, Geschichten und Anekdoten überlebt. Auch als Schnapsflasche fand der Bowke seinen Platz, gefertigt aus Keramik, inklusive Mantel, Hut und Schal, fast nicht von der Galionsfigur des Restaurants Bowke zu unterscheiden. Trojan zumindest trauert dem Bowke ein wenig hinterher: »Ich wollt, ich würde wieder klein, nur, um dann einmal noch ein Bowke zu sein.«

Adresse Długie Pobrzeże 11, 80-888 Gdańsk, www.gdanskibowke.com | ÖPNV 12 Minuten zu Fuß vom Hohen Tor und der Bus- und Tramhaltestelle Brama Wyżynna | Öffnungszeiten Fr–So 12–22 Uhr, Mo–Do 13–22 Uhr | Tipp Der Bowke befindet sich unmittelbar am restaurierten Brama Mariacka, dem Tor zur wohl schönsten Straße Danzigs.

38 Die Gelateria Paulo

Kindheitsträume gehen in Erfüllung

In Danzig ist man ähnlich versessen auf sommerliches Eisschlecken wie in Deutschland. Lange vorbei sind die Zeiten industrieller Massenware, längst haben kleine Eisdielen mit Eis aus eigener Herstellung in der Innenstadt Einzug gehalten. Fragt man nach der besten, wird eine immer genannt: »Paulo Gelateria Lodziarnia Mistrza Polski«. Die letzten Wörter lassen sich mit »von polnischer Meisterhand« übersetzen und signalisieren, dass hier Handwerk und der polnische Geschmack im Vordergrund stehen.

Dabei wirkt die Eisdiele von außen ziemlich unscheinbar, nichts lässt vermuten, dass hier das beste Eis der Stadt zu finden ist. Und innen ist abgesehen von einem halben Dutzend Tische auch nicht viel Platz, um all die Kundschaft aufzunehmen. Aber nach dem ersten Probieren wird schnell klar, dass die Qualität hier wirklich außergewöhnlich ist. Das Geheimnis des Erfolgs liegt in der Herstellung, bei der man in der Gelateria Paulo auf qualitativ hochwertige Zutaten setzt.

Das Eis wird täglich vor Ort zubereitet, die Tagesauswahl ist relativ klein, dafür aber absolut frisch. Es gibt jeweils »nur« ein gutes Dutzend Sorten, die jedoch durchgewechselt werden. Sorbet ist ebenso im Angebot wie Tiramisu-Eis (mit Teigstückchen) oder so richtig fancy Sachen wie Kürbis und Lavendel. Erdbeere, Vanille und Schokolade überlässt man den anderen. Beeindruckend ist auch der Schokobrunnen. Ein Kindheitstraum erfüllt sich, wenn man endlich mal nicht zwischen Eis und Schokolade wählen muss! Die ebenfalls selbst gemachten Waffeln werden bei Paolo zunächst mit flüssiger Schokolade gefüllt, bevor die Eiskugeln daraufgesetzt werden.

Die Eisdiele ist bei Einheimischen und Touristen gleichermaßen beliebt, was vor allem am frühen Nachmittag zu langen Schlangen vor dem Laden führen kann. Auf jeden Fall hinten anstellen und die Wartezeit in Kauf nehmen, denn so viele Eisliebhaber können nicht irren!

Adresse Podwale Staromiejskie 96/97, 80-844 Gdańsk, www.lodziarniapaulo.pl | ÖPNV 5 Minuten zu Fuß von der Bus- und Tramhaltestelle Hucisko | Öffnungszeiten Mo–Fr 11–19 Uhr, Sa, So 11–20 Uhr | Tipp Mit dem Eis in der Hand lässt sich anschließend zur sogenannten Liebesbrücke schlendern. Von dort hat man den perfekten Blick auf das Fachwerkgebäude Dwór Młynarzy mitten im Radaune-Kanal.

39 Das Goldwasser

Darauf einen Lachs!

Der Legende nach reagierte der Meeresgott etwas ungehalten, als er gewahr wurde, dass die Danziger regelmäßig Münzen in den ihm gewidmeten Brunnen warfen. Wütend suchte er den Langen Markt heim und fuhrwerkte mit dem Dreizack so lange im Neptunbrunnen herum, bis die Münzen zu feinen, goldschimmernden Fäden zerstoßen waren: Das Goldwasser war geboren.

Die historische Wahrheit ist profaner und gut belegt: Ein eingewanderter Glaubensflüchtling, ein Niederländer namens Ambrosius Vermöllen, erhielt 1598 die Bürgerschaft und zugleich die Erlaubnis, Liköre herzustellen. Seine Produktionsstätte war das sogenannte Lachshaus in der Breitgasse (Szeroka), weshalb das Getränk zunächst als »Lachs« bekannt wurde. In Lessings Theaterstück »Minna von Barnhelm« antwortet deshalb der Wirt auf die Frage, ob er das Getränk selbst hergestellt habe: »Behüte! Veritabler Danziger! Echter, doppelter Lachs!«

Liköre sind Spirituosen, denen im Gegensatz zum Schnaps Zucker und Geschmacksextrakte zugegeben werden. Gewürze wie Kardamom, Zitruszesten, Zimt und Koriander wurden bei der Herstellung von Goldwasser unter anderem eingesetzt, außerdem natürlich Blattgold. Letzteres war wahrscheinlich ein Abfallprodukt der Danziger Kunsthandwerker, das beim Vergolden anfiel, nicht aber eine Spielerei oder Protzerei. Im ausgehenden Mittelalter wurde Gold seitens der Alchemie eine heilende und lebensverlängernde Wirkung zugeschrieben. Auch deswegen wurde Zarin Katharina II. zum Fan des Danziger Getränks und bescherte ihm weltweite Aufmerksamkeit.

Heute hat sich vor allem das gleichnamige Hotel-Restaurant an der Mottlau der Tradition angenommen. Goldwasser wird hier nicht nur in Form klassischen Likörs, sondern auch als Füllung von Pralinen serviert und im zugehörigen Ladengeschäft außer Haus verkauft. An der Bar bekommt man überdies mit Blattgold geimpfte Cocktails. Hoffen wir, dass an der Heilwirkung etwas dran ist!

Adresse Długie Pobrzeże 22, 80-888 Gdańsk, www.goldwasser.pl | ÖPNV Bus 100, Haltestelle Targ Chlebowy oder Żuraw | Öffnungszeiten täglich 11 – 19 Uhr | Tipp Bis 2019 wurde das wiederaufgebaute Lachshaus in der Szeroka 50/51 als Restaurant »Pod Łososiem« fortgeführt, einen Nachfolger gab es zu Redaktionsschluss nicht.

40 Der Góra Gradowa

Der höchste Punkt Danzigs

Góra Gradowa (auch Grodizsko), auf Deutsch als »Hagelsberg« bekannt, ist mit nur 46 Metern Höhe der höchste Punkt Danzigs. In einer ansonsten ziemlich flachen Landschaft bietet dieser Hügel einen beeindruckenden Panoramablick auf die Umgebung – keine 15 Minuten vom Hauptbahnhof entfernt. Vom Millenniumskreuz, das sich am höchsten Punkt des Hagelsbergs befindet, kann man auf der einen Seite bis zu den Kränen der Werft und fast bis zum Meer sehen, während auf der anderen Seite der Blick auf die Rechtstadt und den Turm der Marienkirche fällt. Zum Vergleich: Der Turm ist 86 Meter hoch!

Um den Hagelsberg ranken sich mehrere Legenden. Er gilt zum einen als Kraftort, zum anderen vermutet man daselbst Danzigs Vorgeschichte. Noch vor der christlichen Missionierung der Gegend soll sich dort oben eine wendische Burganlage befunden haben, die laut Volkssagen von einem Tyrannen bewohnt wurde. Um das Jahr 1000 soll dieser von seinen eigenen Gefolgsleuten umgebracht worden sein, welche dadurch die Freiheit erlangten und flugs eine Siedlung gründeten: Danzig. Anschließend sollen die Fürsten von Pommern von der Anhöhe aus über das Land geherrscht haben, bis die Wehrburg an die Mottlau verlegt wurde. Dieser Gründungsmythos kann jedoch weder belegt noch widerlegt werden, der Bau von Festungsanlagen ab dem 17. Jahrhundert hat das Gelände so gründlich umgewälzt, dass archäologische Nachforschungen nicht mehr möglich sind.

Unbestritten ist die strategische Bedeutung der Anhöhe. Schon während des Dreißigjährigen Krieges wurden befestigte Stellungen angelegt. Kein Krieg, bei dem nicht der Hagelsberg über Wohl und Wehe der Stadt entschieden hätte – entweder weil die Verteidiger die Stellungen dort halten konnten oder weil Danzig von seinem Hausberg aus belagert wurde. Vorbei sind diese Zeiten, heute ist der Grodizsko vor allem Aussichtspunkt und beliebtes Naherholungsgebiet.

Adresse Gradowa, 80-802 Gdańsk | ÖPNV etwa 12 Minuten zu Fuß vom Hauptbahnhof | Tipp Der Fußweg Reduta Miejska führt jenseits der eigentlichen Festungsanlagen an älteren Schanzen und Bastionen vorbei bis zum Stadtpark.

41 Das Grass-Denkmal

Zuhause bei Günter Grass und Oskar Mazerath

Die Familie Grass lebte im Danziger Stadtteil Langfuhr, zunächst in der heutigen Lendziona 5a (Kastanienweg), dann in der Lelewela 13 (Labesweg). Dort betrieb Grass' Vater einen Kolonialwarenladen, der auch für Oskar Matzerath und die »Blechtrommel« von Bedeutung ist – unter anderem als Quelle für jene Trockenbrause, die Oskar im Bauchnabel seiner Maria prickeln lässt. Das Haus steht noch, wenngleich die Gedenktafel fehlgeht, die es als Günter Grass' Geburtshaus ausweist. Gegenüber die Grünflächen, wie es in der »Blechtrommel« geschrieben steht, oben im Haus die Mansarde und darüber im Himmel der Turm der Herz-Jesu-Kirche, wo Günter und sein Oskar getauft wurden, wo Grass und dessen Joachim Mahlke (aus »Katz und Maus«) Messdiener waren. Alles noch da, das ganze Universum der Danziger Trilogie.

Lebensgroß und erstaunlich nah am Original trifft man den gealterten Günter Grass wenige hundert Meter weiter an. Glücklicherweise hat man ihn und Oskar Matzerath nicht auf irgendein Podest gesetzt, sondern beide nebeneinander auf einer Parkbank platziert, als wären sie im Gespräch. Zwischen den beiden Bronzeplastiken ist ausreichend Platz, sodass man sich niederlassen, sich in deren Diskussion einmischen oder für ein Foto posieren kann. Die Bank wurde samt Oskar Matzerath bereits 2002 aufgestellt, die Plastik seines Schöpfers kam erst 2015 dazu, wenige Monate nach dem Tod des Schriftstellers.

Langfuhr war für Grass die Welt, und die Welt war Langfuhr. In Teil drei der Danziger Trilogie, den »Hundejahren«, heißt es: »Es war einmal eine Stadt, die hatte neben den Vororten Ohra, Schidlitz, Oliva, Emaus, Praust, Sankt Albrecht, Schellmühl und dem Hafenvorort Neufahrwasser einen Vorort, der hieß Langfuhr. Langfuhr war so groß und so klein, dass alles, was sich auf der Welt ereignet oder ereignen könnte, sich auch in Langfuhr ereignete oder hätte ereignen können.«

Adresse Ławeczka Grassa, Plac Generała Józefa Wybickiego, 80-440 Gdańsk | ÖPNV Tram 2, 4, 8, Haltestelle Plac Komorowskiego | Tipp Die nahe Straße Wajdeloty ist das lebendige Zentrum des Stadtteils, malerisch und voller Cafés.

42 Die Günter-Grass-Galerie

Grass' Erben und ihr Butt

Mit ein bisschen literarischer Bildung fällt einem natürlich sofort Günter Grass ein, sobald man die Bronzeplastik in der Szeroka passiert: Eine Hand hält einen fetten Fisch in die Höhe, eindeutig ein Butt! Und richtig, man steht direkt vor einer Galerie, die Günter Grass' Namen trägt.

Der Hintergrund ist folgender: Günter Grass hat noch zu Lebzeiten der Stadt Danzig einen ganzen Schwung seiner zeichnerischen und bildnerischen Arbeiten überlassen. Grass ist hauptsächlich als Schriftsteller bekannt, war aber zeitlebens auch in anderen Kunstsparten tätig. Die Stadt wiederum hat ihrerseits geeignete Räume gesucht, um dessen Arbeiten in einem würdigen Rahmen zu präsentieren – und sie auf der Szeroka gefunden. Die Plastik mit dem Butt ist also ein Original und von Günter Grass selbst angefertigt. Dessen 140 Arbeiten sind allerdings nicht alle gleichzeitig zu sehen, sondern werden in die wechselnden Ausstellungen eingewoben. Grass' Werke werden als intellektueller Bezugspunkt und Ideengeber für die zeitgenössische polnische Kunst inszeniert, ein erster Hinweis auf Danzigs Weltoffenheit, die den Nobelpreisträger als einen der ihren begreift.

Grass wurde im Vorort Langfuhr geboren, musste wie alle anderen Einwohner deutscher Zunge während der letzten Tage des Zweiten Weltkriegs aus der Stadt fliehen und blieb ihr doch zeitlebens verbunden. Mit dem Roman »Die Blechtrommel« und den beiden anderen Bänden der »Danziger Trilogie« hat er seiner Heimatstadt ein Denkmal gesetzt. In Danzig gilt er inzwischen als Sohn der Stadt, als Danziger Schriftsteller und Nobelpreisträger deutscher Sprache – wie man überhaupt das deutsche Erbe nicht leugnet, sondern mit offenen Armen annimmt. Dies umfasst auch Grass' Spätwerk, das den Untergang des Flüchtlingsschiffs Wilhelm Gustloff thematisiert und sich mit der Vertreibung der deutschen Bevölkerung auseinandersetzt.

Adresse Galeria Güntera Grassa, Ulica Szeroka 34/35, 36, 37, 80-825 Gdańsk | ÖPNV 7 Minuten zu Fuß von der Bus- und Tramhaltestelle Hucisko | Öffnungszeiten Do–So 12–19 Uhr | Tipp Die Straße hinter der Galerie führt rechts direkt zum Hintereingang der Marienkirche, wo man vor der berühmten Astronomischen Uhr zum Stehen kommt.

43 Das Hevelianum

Spiel und Spaß im Namen der Wissenschaft

Es wäre tatsächlich etwas zu nüchtern, das Hevelianum auf dem Hagelsberg (Góra Gradowa) lediglich als Bildungseinrichtung und Wissenschaftszentrum zu bezeichnen. Vielmehr ist es ein lebendiges und farbenfrohes Zentrum für Wissenschaft und Forschung, in dem spielerisches Lernen, Entdecken und Neugier im Vordergrund stehen. Die Ausstellungen und Experimente sind so gestaltet, dass sie für Besucher aller Altersgruppen – sogar für Kinder ab drei Jahren – interessant und zugänglich sind. Dabei sind die Vermittlung von Wissen und der lockere Umgang mit der Wissenschaft für die ganze Familie eine inspirierende Erfahrung. Auch Erwachsene staunen und lernen!

Das Hevelianum ist im Fort Grodzisko untergebracht, einer weitläufigen Festungsanlage. Diese war ein wichtiger Bestandteil der Danziger Verteidigungsanlagen und geht auf das 17. Jahrhundert zurück, wurde seitdem jedoch mehrfach modernisiert und ergänzt. Die heute von den interaktiven Ausstellungen des Hevelianums genutzten Gebäudeeinheiten entstanden zwischen 1867 und 1874.

Geschichte, Wissenschaft und Natur verbinden sich hier zu einem faszinierenden und harmonischen Ensemble, das den Danzigern als Naherholungsgebiet dient und gern zum Picknicken oder Spazierengehen genutzt wird. Im Außenbereich lädt der weitläufige Park mit Grünflächen und historischen Festungsanlagen zum Entspannen, Toben und geselligen Zusammensein ein. Inmitten der Hügellandschaft können Besucher die umliegenden Kasematten und Kanonenstellungen erkunden, während sie einen phantastischen Ausblick auf die Altstadt von Danzig genießen.

Benannt wurde das Hevelianum nach dem berühmten polnischen Astronomen Johann Hevelius (1611–1687), der in Danzig geboren wurde und dort lebte und arbeitete. Hevelius war als Pionier der Himmelsbeobachtungen und der Mond-Kartografie einer der bedeutendsten Astronomen seiner Zeit.

Adresse Gradowa 6, 80-802 Gdańsk, www.hevelianum.pl | ÖPNV 10 Minuten zu Fuß vom Hauptbahnhof | Öffnungszeiten täglich 10–18 Uhr | Tipp Hinter den Gebäuderiegeln des Hevelianums führt ein Spazierweg zwischen alten Bastionen hinab zum Parc Śródmieście und zurück zur Altstadt.

44 Der Hewelion

Kleine Bronzelöwen führen durch die Stadt

Die Löwen sind Danzigs Wappentiere und die Maskottchen der Stadt; bei den kleinen Hewelions handelt es sich um deren jüngste Inkarnation. Man muss sich ja etwas einfallen lassen, um die Besucherströme zu lenken und sie auch einmal von der Langgasse und dem Langen Markt wegzuführen. Deswegen lässt die Danziger Tourismusbehörde seit 2015 kleine Bronzeskulpturen über die Stadt verteilt aufstellen: die erste im Zoologischen Garten, die vorläufig letzte am Madison Einkaufszentrum – weitere sollen folgen.

Die kleinen Bronzelöwen haben sich jeweils in Pose geworfen und sind mit Attributen ausgestattet, die etwas über den jeweiligen Ort erzählen oder ihn kommentieren. Allerdings sind die Statuetten nur etwa 30 bis 50 Zentimeter hoch und gehen derart in ihrer Umgebung auf, dass man schon ganz genau hinsehen muss. Geschaffen hat sie der Danziger Künstler Tomasz Radziewicz, der den Hewelion am Madison beispielsweise mit einer alten Bürgermeistertracht versehen hat. Warum, das weiß der Löwe selbst zu erzählen. Man muss dafür nur die »VisitGdansk«-App herunterladen und ihn zum Sprechen bringen, was insbesondere für Kinder ein Riesenspaß ist, aber auch die Eltern mit Informationen versorgt.

Die einzelnen Löwen sollen sich bald zum »Lion Trail« verbinden. Der nächste steht unweit an der Alten Mühle, der übernächste am zentralen Erdbeermarkt (Plac Kobzdeja). Die anderen aber sind teils so weit entfernt wie das Stadion oder haben sich auf einen Sundowner ins 33. Stockwerk des Oliva Star verzogen, sodass es in der Praxis nicht ganz klappt, den gesamten Trail abzulaufen. Ein Vergnügen sind die kleinen Löwen dennoch.

Wer nach Danzig fliegt, kann schon am Flughafen schauen, ob er dort den Willkommenslöwen entdeckt. Der Name Hewelion wurde übrigens mittels Internetabstimmung festgelegt. Er setzt sich aus dem Namen des Astronomen Hevelius und dem englischen Wort für Löwe – lion – zusammen.

Adresse Galeria Madison, Rajska/Ecke Heweliusza, 80-850 Gdańsk | **ÖPNV** 150 Meter vom Hauptbahnhof und der dortigen Tram- und Bushaltestelle entfernt, Hewelion links vor der Drehtür der Galeria Madison | **Tipp** Die Rajska ist die kürzeste Fußverbindung vom Hauptbahnhof zur Altstadt hinüber – einfach geradeaus weiterlaufen!

45 Der Hundestrand

Die Ruhe selbst – außer bei Schlechtwetter!

Kleiner Tipp: Wo Hundestrände ausgewiesen sind, ist immer am wenigsten los. Gleich hinter dem ehemaligen Kurpark von Brzeźno beginnt ein etwas wilderer Strandabschnitt, der Wind wird stärker, und das Meer wird hier an die Mole getrieben. Die Wellen schaukeln sich ein bisschen mehr auf, die Vegetation reicht bis zum Strand: der ideale Platz, um zu entspannen, die Seele baumeln zu lassen, die Füße in den warmen Sand zu stecken oder Muscheln zu sammeln.

Entweder lässt man sich auf dem Strand selbst nieder, oder man sieht dem Fährverkehr von den etwas erhöht liegenden Ruhebänken des Spazierwegs aus zu. Dieser allerdings ist belebt und führt weiter bis zu Humboldts angeblichem Lieblingsort und der Mole an der Hafeneinfahrt nach Danzig-Neufahrwasser (und über den Mottlau-Arm bis in die Innenstadt). Die meisten Leute wollen genau dorthin und halten sich deshalb nicht mit dem Hundestrand auf. Baden ist wiederum überhaupt kein Problem, der Sand ist fein, das Wasser sauber wie andernorts auch. Nur Abstand zur Fahrrinne sollte man natürlich wahren. Gerade bei Schlechtwetter ist der Hundestrand ein lohnendes Ziel. Er wirkt dann noch weltentrückter und wilder. Nur stürmisch sollte es nicht sein, dann peitschen die Wellen nur so gegen die Uferböschung.

Brzeźno ist von der Danziger Innenstadt aus mit der Straßenbahn schnell erreichbar und daher eine bessere Wahl als der regelmäßig sehr volle Strand von Stogi (Heubude) oder das Seebad Sopot (Zoppot) mit seinem sommerlichen Rummel. Entsprechende Abschnitte für Vierbeiner sind aber auch in Sopot, Gdynia und Jastarnia ausgewiesen – dort sind dann aber tatsächlich einige Hundebesitzer unterwegs und gehen Gassi, wohingegen der Strand bei Brzeźno abgelegen genug ist. Und selbst wenn nicht: Wer lässt sich denn von spielenden Hunden stören? Man sollte einfach mitspielen und sich von ihrer Freude an Meer und Möwen anstecken lassen.

Adresse Plaża dla psów w Brzeźnie, Przemysłowa 22, 80-542 Gdańsk | ÖPNV Tram 3, 5, Haltestelle Krasickiego, dann durch den Park bis zum Meeressaum | Öffnungszeiten rund um die Uhr zugänglich | Tipp Wer sich ein Leihfahrrad besorgt, kann ohne große Mühe die gesamte Strecke bis nach Sopot über die Strandpromenade abfahren.

46_Die Katharinenkirche

Die älteste Kirche der Stadt

Erst 2013 wurde das Glockenspiel der Katharinenkirche komplettiert: durch die fast drei Tonnen schwere Glocke Nummer 50, genannt Katarzyna. So neu das Glockenspiel, so alt die Kirche selbst. Das Hauptschiff geht auf das tiefe Mittelalter zurück, genauer gesagt auf das 12. Jahrhundert. Weil man das sieht und spürt, obwohl die Kirche nach 1945 fast völlig zerstört war und erst umfassend wiederaufgebaut werden musste, sei ein Besuch dringend empfohlen – auch wegen des sonderbaren Mobiliars rechts hinten im Seitenschiff, eines hölzernen Baptisteriums von 1585.

Der Begriff Baptisterium kommt von »baptízein«, dem altgriechischen Wort für »taufen«. Wörtlich bedeutet das »untertauchen« oder »eintauchen«, was noch auf die früher übliche Ganzkörpertaufe verweist. Der reich verzierte Einbau in der Katharinenkirche diente ausschließlich der Taufe und ist achteckig, weil die Acht im Christentum für die Auferstehung Jesu steht.

In frühchristlicher Zeit wurden Erwachsene meist in Flüssen getauft, später wurden zu diesem Zweck außerhalb der eigentlichen Kirche kleine Kapellen erbaut, denn Ungetaufte durften die Gotteshäuser nicht betreten. Erst seit die Kindertaufe ab dem 5. Jahrhundert zur Regel wurde, wird das Ritual dort vollzogen: Taufbecken, -steine oder gesonderte Baptisterien werden nun mitten in der Kirche aufgestellt.

Und noch etwas weist auf die Vergangenheit der Kirche hin: der Untergrund. Hinter dem Rund des Baptisteriums führt eine Treppe hinunter in die Krypta. Diese ist frei zugänglich, und es liegen in der Tat noch ein paar Skelette in der Erde, zwar hinter Glas, aber sie sind trotzdem nichts für schwache Nerven! Mit der imposanten Rückseite bietet der Kirchenbau noch eine dritte Überraschung, denn von der Straße deutet wenig auf die ausladende Backsteingotik der Chorräume. Die mittelalterliche Atmosphäre täuscht: Der Turm wurde erst in den 1980er Jahren wiederaufgebaut.

Adresse Wielkie Młyny 1, 80-849 Gdańsk | ÖPNV 7 Minuten zu Fuß von der Bus- und Tramhaltestelle Hucisko | Öffnungszeiten Messe Mo–Fr 7 und 18 Uhr, So 8 und 22 Uhr, Kirche in der Zwischenzeit zugänglich | Tipp Das Predigerhaus (Dom Kaznodziejów) direkt gegenüber der Längsseite der Kirche stammt vom Anfang des 17. Jahrhunderts und diente als Wohnhaus des Klerus.

47__Die Kleine Mühle

Speichermedium

Der spitzgiebelige gotische Backsteinbau wurde zwischen 1391 und 1407 errichtet – auf einem Gewölbe, das den im 14. Jahrhundert vom Deutschen Ritterorden geschaffenen Radaune-Kanal (Kanał Raduni) überspannt. Der Kanal wiederum diente der Wasserversorgung und zugleich der Energiegewinnung, er wurde von der Stadt Praust (Pruszcz) aus angelegt und fließt vom gleichnamigen Flüsschen ab. Auf über zehn Kilometern Länge umgibt er die Altstadt und mündet schließlich in die Mottlau.

Der Name des Gebäudes ist jedoch irreführend: Es handelte sich nicht um eine Mühle, sondern um einen Getreidespeicher für die Große Mühle auf der Radaunen-Insel jenseits der gegenüberliegenden Straßenseite.

Das Gebäude ist mit einem steilen Satteldach aus Ziegeln bedeckt, was den eleganten Eindruck noch verstärkt. Die Kleine Mühle wurde noch 1945 in den letzten Tagen des Zweiten Weltkriegs fast vollständig zerstört, aber bis 1967 wiederaufgebaut. Allerdings wurde dabei die gotische Ostfassade entfernt und der Dachstuhl gestreckt.

In der Großen Mühle ist heute das Bernsteinmuseum untergebracht, und der riesige Backsteinbau stiehlt dem bescheidenen Pendant in jeder Hinsicht die Show. Sein Mahlwerk wurde einst von über einem Dutzend Mühlrädern angetrieben, es gilt als eines der größten Wirtschaftsgebäude des Mittelalters. Eine zweite Mühle hat es also nicht gebraucht, wohl aber zusätzlichen Speicherplatz. Das Missverständnis, dass der Getreidespeicher der »Mały Młyn« eine Mühle gewesen sei, ergab sich erst nach dem Wiederaufbau Ende der 1960er Jahre aufgrund des Standorts direkt auf dem Radaune-Kanal und in Nachbarschaft der ähnlich aussehenden, jedoch wesentlich voluminöseren Großen Mühle. Heute beherbergt die Kleine Mühle den Sitz einer Anglergesellschaft, ist also nicht öffentlich zugänglich, wohl aber ein schöner Anlaufpunkt für einen Spaziergang entlang des Radaune-Kanals.

Adresse Bednarska, 80-850 Gdańsk | **ÖPNV** 8 Minuten zu Fuß von der Bus- und Tramhaltestelle Hucisko | **Öffnungszeiten** nur von außen zu besichtigen | **Tipp** An der Radaune lässt es sich von der Kleinen Mühle bis zum Weltkriegsmuseum und zur Mottlau weiterspazieren.

48 Der Kran M3

Ein alter Ladekran dient als Aussichtsplattform

Das historische Gelände der Kaiserlichen Werft, die während sozialistischer Zeiten als Lenin-Werft bekannt war, liegt seit über zwei Jahrzehnten brach, die Schiffsbauindustrie hat sich verlagert, die Fertigungsprozesse sind globalisiert und auf verschiedene Standorte verteilt. Die Zukunft der Anlage steht daher fest: Sie soll zu einem modernen Wohn- und Geschäftsviertel umgestaltet werden. Pläne zur Errichtung von Büro-, Wohn- und Dienstleistungsgebäuden auf dem historischen Areal bestehen schon längst, zugleich hat sich die Gegend zu einem Anziehungspunkt für Künstler und junge Menschen entwickelt, die in Danzig nach unkonventionellen und inspirierenden Orten suchen.

Insbesondere die elektronische Musikszene in der Elektryków-Straße hat die Werfthallen zu einem bedeutenden Standort alternativer Kultur gemacht. Aber nicht alle Projekte auf dem Gelände der Kaiserlichen Werft sind so erfolgreich wie 100cznia, manche mussten wieder schließen oder stehen (noch) recht einsam in der Landschaft herum – wie zum Beispiel der Kran M3. Seit dem Frühling 2019 dient der alte Ladekran als Aussichtsplattform und kann bestiegen werden. Bislang aber muss man grob wissen, wo er sich befindet, um sich überhaupt auf den Weg zu machen. Es gibt auch kaum einen Hinweis auf die kleine Dauerausstellung in einem Container zu Füßen des Krans. Diese beschäftigt sich mit der Vergangenheit und Zukunft des Areals, denn bald schon soll hier Schluss sein mit der Einsamkeit.

Detaillierte Pläne seitens der Bauträger liegen bereits vor, das Projekt hat schon begonnen. Gegenwärtig liegt der Charme der alten Anlagen jedoch genau darin, dass es noch nicht so weit ist und das gesamte Gelände eine Art Zwischenreich darstellt, in das auswärtige Besucher bisher noch eher selten finden. Bevor die Bagger anrollen und das ganze Gelände umpflügen, lohnt sich ein Besuch daher unbedingt!

Adresse Żuraw M3, Wyposażeniowców, 80-001 Gdańsk | **ÖPNV** Bus 106, 166, Haltestelle Europejskie Centrum Solidarności, von dort wenige Minuten zu Fuß; alternativ S-Bahn, Haltestelle Stocznia | **Öffnungszeiten** unregelmäßig, aber auch von außen lohnenswert | **Tipp** 100 Meter entfernt liegt das als Sala BHP bekannte Arbeitsschutzgebäude, in dem 1980 die Verhandlungen zwischen Streikenden und Regierung geführt wurden und das heute original erhalten als Museum zugänglich ist.

49 Das Kreativstudio Avocado

Karten des Unsichtbaren

Die Mariacka gilt als Danzigs malerischste Straße und stellt eine Abfolge von Cafés, Bernsteinstudios und Juweliershops dar – da ist das Kreativstudio Avocado in deren Mitte gleichzeitig Augenweide und Ruhepol. Die Eigentümer haben lange in Neuseeland gelebt und von dort den Namen des Studios und ihre Liebe zu Holz als Gestaltungsmittel mitgebracht. Im Mittelpunkt von Fertigung und Ausstellung stehen kleine und große Landkarten, der zauberhafte Laden ist übervoll davon. Oder sollte man besser Seekarten sagen? Das Meer spielt jeweils die Hauptrolle, es wird durch unterschiedliche Holzschichten dreidimensional dargestellt und das Unsichtbare so sichtbar gemacht.

Die einzelnen Schichten werden zwar vorab per Laser geschnitten, dann aber akribisch von Hand aufgebracht. Die Beschriftung übernimmt wiederum ein Laser. Traditionelles Handwerk geht also mit modernster Technologie Hand in Hand, genauso wie die Designer Hand in Hand mit dem Fertigungsteam arbeiten. Ohne einander geht es nicht, Ideen werden zusammen entwickelt, die einzelnen Schritte greifen wie Puzzleteile ineinander.

Konsequenterweise hat sich das Team auch über Puzzles so seine Gedanken gemacht – vor allem darüber, wie eintönig diese doch oft ausfallen. Die unterschiedlichsten Motive findet man zwar, aber immer haben die einzelnen Teile die gleichen Formen. Das ließ sich ändern, und das Resultat kann man ausprobieren: Im Obergeschoss des Showrooms steht ein Spieltisch und lädt zum Puzzeln ein beziehungsweise zu dem, was das Avocado-Team »Zapuzzlowani« nennt. Die verschiedenen Puzzleteile sind selbstverständlich aus Holz und damit feuchtigkeitsresistent und nicht für spurloses Verschwinden anfällig. Wichtiger noch: Sie halten sich nicht an die angestammten Konventionen für Puzzleteile, sondern variieren in Form und Gestalt, und dadurch beginnt der Spaß erst so richtig!

Adresse Mariacka 9–10, 80-834 Gdańsk, www.avocadopt.com | ÖPNV 10 Minuten zu Fuß von der Bus- und Tramhaltestelle Hucisko | Öffnungszeiten Sommeranfang–Frühherbst täglich 12–20 Uhr | Tipp Der Showroom in der Mariacka wird nur im Sommer genutzt. Hauptstandort und das ganze Jahr über offen ist das Studio in der Siennicka 24c.

50 Die Kulturlandschaft

Das produktive Land der Dolinen

Für die alte Mühle von Oliwa sind gleich zwei Ursprungsdaten im Umlauf. Schon 1594 soll hier der Bach zurückgestaut worden sein, um eine Tuchfilzerei zu speisen. Ab 1614 jedoch sollen sich die Zisterzienser diese unter den Nagel gerissen und sie in eine profitable Getreidemühle umgewandelt haben.

Das Gebäude direkt an der Hauptstraße von Oliwa wurde freilich mehrfach umgebaut und renoviert, gilt aber als älteste noch in Betrieb befindliche Mühle Pommerns. Mehl gibt es hier nach wie vor, aber das Geschäftsfeld wurde um allerhand Nahrungsergänzungsmittel erweitert. Der Laden in der Mühle steht also offen und ist wieder Anlaufpunkt.

Aber nicht das historische Gebäude spielt an diesem Ort die Hauptrolle, sondern die Kulturlandschaft der Dolinen. Die lang gezogenen, sanften Senken des kaschubischen Hinterlandes boten optimale Voraussetzungen für Mühlen und kleine Handwerksbetriebe, die sich die Wasserkraft der Bachläufe zunutze machten. Der kleine See gegenüber dem historischen Mühlengebäude, also jenseits der Straße, ist nur das erste einer ganzen Reihe aufgestauter Gewässer, die einst Mühlräder antrieben. Das nächste befand sich nur einen Kilometer Luftlinie entfernt, umgeben von Gutshöfen, die Getreide anbauten und von den Mühlen verarbeiten ließen. Ganz ähnlich sieht es in den weiteren Dolinentälern aus.

Polen würde Danzig mästen, hieß es schon zu Hansezeiten. Sprich: Das, was in Danzig gehandelt und verschifft wurde, musste im Hinterland erst einmal gewonnen werden. Kurze Wege und die Nähe zu Danzig ließen auch die umliegenden Dörfer prosperieren, wie man den hübsch gepflasterten Gassen Oliwas ablesen kann. Oliwa hat sich einst als Siedlung im Schatten des Klosters gebildet, wuchs dann aber zur Gemeinde und trägt heute Züge einer hübschen Kleinstadt, die allerdings von den Besuchern des Oliwski-Parks nur selten aufgesucht wird.

Adresse Młyn Oliwski, Spacerowa 18, 80-330 Gdańsk | ÖPNV Bus 117, 169, 171, 179, Haltestelle Cystersów | Öffnungszeiten Mühle: Mo–Fr 8–17 Uhr | Tipp Auf einem Spazierweg umrundet man den Mühlenteich und landet schließlich auf der bildschönen gepflasterten Straße Kwietna.

51 Die Küstenbatterie

Im Kurwald des Grauens

Im Wäldchen von Brösen (Brzeźno), also im einstigen Kurpark, wurden am Vorabend des Ersten Weltkriegs mehrere massive, baulich zusammenhängende Geschützstände errichtet. Heute bilden diese Batterien einen teilweise überwachsenen, durchgehenden Wall, der von der Landseite aus deutlich sichtbar ist. Manche Unterstände sind noch zugänglich, während man an anderen Stellen auf den Batterien entlanglaufen kann. In der Umgebung von Danzig gibt es zahlreiche Bunker und Geschützstände, aber diejenigen in Brzeźno erscheinen umso absurder, da sie mitten im ehemaligen Kurpark stehen, der zum Teil renoviert und wiederbelebt wurde.

Die Küstenbatterie Nummer elf stellt nur einen kleinen Teil der umfangreichen Befestigungen dar. In Richtung Mole und Leuchtfeuer passiert man die mächtigen Backsteinwälle des Forts Brösen, die sich hinter einem Zaun auf dem privatwirtschaftlich genutzten Hafengelände von Nowy Port (Neufahrwasser) befinden, mit riesigen Hallen im Hintergrund.

Brzeźno liegt in unmittelbarer Nähe zur Mottlau-Mündung, nahezu direkt vor der Einfahrt in den Hafen von Danzig-Neufahrwasser, wodurch die Fahrrinne das Schussfeld bildete. Die Befestigungen setzen sich auf der gegenüberliegenden Seite mit der Westerplatte fort.

Diese Stafetten an Verteidigungslinien erscheinen noch abstruser, wenn man bedenkt, dass in den letzten Tagen des Zweiten Weltkriegs rund um Brzeźno sogenannte Panzergräben ausgehoben wurden, um Danzig so lange wie möglich vor den herannahenden sowjetischen Armeen zu schützen und die Flucht über die Bucht weiter zu ermöglichen. Am 25. März verließ das letzte deutsche Schiff mit über 4.000 Menschen an Bord den Hafen von Danzig-Neufahrwasser. Zu diesem Zeitpunkt befand sich der Hafen bereits unter sowjetischem Artilleriebeschuss. Am 30. März nahm die Rote Armee Danzig ein.

Adresse Ignacego Krasickiego, Park Brzeźnieński, 80-515 Gdańsk | ÖPNV Tram 3, 5, Haltestelle Krasickiego | Tipp Wer von hier aus weiterläuft, kommt auf der Mole schließlich zur Przystanek Latarnia, einem kleinen Café-Kiosk mit Blick zur Westerplatte.

52 Der Langfuhrer Lotsenturm

Überflieger im Wald

Bis 1974 lag der Danziger Flughafen bei Langfuhr. Nach der Eröffnung eines modernen Nachfolgers etwa 16 Kilometer westlich der Stadt wurde das alte Rollfeld mit Wohnhäusern überbaut, der Flughafen war Geschichte. Langfuhr war ab 1910 rein militärisch betrieben worden, erst in den 1920er Jahren wurde der Linienverkehr aufgenommen, unter anderem in zahlreiche deutsche Großstädte und bis nach Moskau.

Landungsanflüge auf Danzig-Langfuhr erfolgten in der Anfangszeit ausschließlich auf Sicht. Das bedeutete, dass der Pilot von Tageslicht, gutem Wetter oder adäquater Ausleuchtung der Landebahn abhängig war. Dies aber hatte im mitunter trüben Seeklima seine Grenzen. Deshalb wurden Fluglotsentürme installiert, von denen aus im Notfall – oder wenn eine Nachtlandung anstand – den Flugzeugen mittels Leuchtfeuer der Weg gewiesen werden konnte. Eine dieser Anlagen wurde gewissermaßen vergessen und steht bis heute oberhalb der einstigen Anflugschneise mitten im Wald auf einer Hügelkuppe.

Schilder gibt es keine, einen ausgebauten Weg auch nicht. Den Pfad dorthin zu finden ist aber nicht wirklich schwer: Auf Höhe der Bushaltestelle Jasia i Małgosi 01 führt ein Spazierweg direkt in den Wald hinein. Gleich zu Beginn erahnt man eine Art Trampelpfad durch das Buchenlaub unmittelbar auf die Kammhöhe. Diesem Weg muss man folgen. Sollte er nicht klar ersichtlich sein, dann einfach bis zur Anhöhe weiterlaufen – länger als zwölf Minuten sollte es nicht dauern, bis ein schmaler Metallturm erscheint. Der Wald ist relativ dicht, der Turm erst aus der Nähe zu erkennen. Schon aufgrund der Patina verschwindet der Ausguck zwischen den Buchen, auch ragt er kaum über die Wipfel hinaus. Angeblich ist der Turm so gut in Schuss, dass er bestiegen werden kann. Aber irgendwann wird sich das sicherlich ändern, sodass von einem Versuch dringend abzuraten ist!

Adresse unweit der Straße Polanki, 80-308 Gdańsk | ÖPNV Tram 2, 4, 5, 6, 8, Haltestelle Bażyńskiego, von dort zu Fuß die gleichnamige Straße hinauf oder mit Bus 149 zur Haltestelle Jasia i Małgosi 01 | Öffnungszeiten nur bei Tageslicht empfohlen | Tipp Geht man auf dem Weg weiter geradeaus, gelangt man direkt zum 122 Meter hohen Góra Głowica und mitten in das Wandergebiet Małe Bieszczady.

53 Die Laternenbastion

Der älteste Stadtmauer-Turm Danzigs

Die mittelalterliche Stadtmauer von Danzig ist nur stückweise erhalten und teils in schlechtem Zustand. 1343 wurde mit dem Bau begonnen, ab Mitte des 16. Jahrhunderts verloren die Backsteintürme und -mauern jedoch ihren Zweck. Die Innenstadt wurde erweitert und mit einem System von Wassergräben umgeben. Die Reichweite und die Durchschlagskraft von Kanonen waren zu groß geworden, als dass die mittelalterliche Befestigung ihnen standgehalten hätte. Kanonenfeuer ließ sich nur mit gleichen Mittel erwidern, und dafür wurden erhöhte Wälle samt Bastionen gebaut.

Eine der wenigen Stellen, an der man einen Einblick in den alten Befestigungsring bekommt, befindet sich am sogenannten Stadtwäldchen zwischen Świętego Ducha und Szeroka. Hier zeigt sich die Backsteinmauer als eine ununterbrochene Einheit, nicht allzu hoch, aber mit Schießscharten belegt. Das Bild ändert sich jäh, sobald man die Seiten wechselt und über die Laternengasse – auf Polnisch Latarniana – hinter das Bollwerk gelangt: In den Wehrturm (Baszta Latarnia) wurden zwei Garagen eingebaut, teilweise bröckelt und verfällt die Mauer, Unkraut wächst in den Ritzen. Die Bastion soll lange als Wohnhaus genutzt worden sein, sie gilt als einer der ältesten Türme Danzigs überhaupt und muss – zusammen mit dem gesamten Mauerabschnitt – zu Beginn der Bautätigkeit im 14. Jahrhundert entstanden sein.

Das Besondere sind die einfache Gestaltung und die Hufeisenform. Der Turm weist zur Stadtseite hin kein Mauerwerk auf, die hölzernen Zwischenstockwerke liegen offen zutage. Die gedrungene Bauweise unterscheidet sich stark von allen anderen noch erhaltenen Türmen, wie zum Beispiel der nahen Jacek-Bastei oder dem Weißen Turm (Baszta Biała) in der Vorstadt. Die Baszta Latarnia wurde nie umgebaut und auch nicht zum Pulverturm umgenutzt und zeigt daher heute, wie bescheiden Danzigs Verteidigungsanlagen in der Anfangszeit ausfielen.

Adresse Latarniana, 80-835 Gdańsk | **ÖPNV** wenige Minuten zu Fuß von der Bus- und Tramhaltestelle Hucisko; Bus 100, Haltestelle Targ Drzewny | **Öffnungszeiten** rund um die Uhr von außen zu besichtigen | **Tipp** Der Stockturm samt Peinkammer hinter dem Hohen Tor war ebenfalls Teil des ersten Befestigungsrings und stellt das opulente Gegenstück zur Laternenbastion dar.

54 Das Leeges Tor

Am Ende der Stadt

Der Tourismus schafft sich stets Routen, schlägt Schneisen in die Städte, jenseits derer schnell Ruhe einkehrt. Genau dies passiert, sobald man die Rechtstädtische Altstadt hinter sich lässt, den Podwale Piedmjeskie (Vorstädtischer Graben) überquert und hinaus in die Vorstadt und Richtung Leeges Tor spaziert. Dort hört die Bebauung auf, die Stadt endet.

Im Gegensatz zu den anderen Stadttoren wird das Niedertor (»leeg« bedeutet auf Niederdeutsch »niedrig«) von den Besuchern fast vollständig ignoriert. Schon auf dem Weg dorthin stellt sich so etwas wie Nostalgie ein, man fühlt sich stellenweise in die 1990er Jahre zurückversetzt. Die Straßen sind erstaunlich leer und noch nicht überall renoviert. Wie der Danziger Poet Bolesław Fac (1929–2000) einst notierte: »Die alten Vorstädte schmiegen sich an unsere Augen wie kranke Tiere aus der Erinnerung.«

Brama Nizinna heißt das Barocktor aus dem 17. Jahrhundert auf Polnisch. Es stellt ein vergessenes Gegenstück zum berühmten Brama Wyżynna dar, dem Hohen Tor. Es fungierte ebenfalls als Teil des weitläufigen neuzeitlichen Festungsrings aus Bastionen, Wällen und Wassergräben. Die Danziger Bürger waren bis Ende des 19. Jahrhunderts verpflichtet, sich an den Kosten für den Bau und den Erhalt der Anlagen zu beteiligen. Letztlich verloren diese ihre Funktion: Der Graben vor dem Niedertor wurde in den 1930er Jahren des letzten Jahrhunderts aufgeschüttet, die Zugbrücke wurde zugunsten einer durchgehenden Straßendecke abgeschafft. Zwar wurde das Niedertor unlängst renoviert, aber noch heute brausen Autos hindurch. Es wird wahrscheinlich noch Jahre dauern, bis Tor und Vorstadt zu den Sehenswürdigkeiten Danzigs gezählt werden und eine Route von der Langgasse bis zum Danziger Werder geschaffen wird. Bis es so weit ist, »kläffen die alten Vorstädte wie Hunde ohne Sinn und Verstand« – um noch mal Bolesław Fac zu zitieren.

Adresse Grodza Kamienna 5, 80-821 Gdańsk | ÖPNV Bus 123, 131, Haltestelle Brama Nizinna; alternativ Wassertram F5 bis zum Fährterminal Żabi Kruk, von dort 5 Minuten zu Fuß | Tipp Wer über die Zabi Kruk zu Fuß Richtung Leeges Tor hinausspaziert, kommt an der Peter-und-Paul-Kirche vorbei. Der Blick hinein lohnt schon wegen der von der Decke schwebenden Schiffsmodelle.

55 Der Leuchtturm

Die ersten Schüsse des Zweiten Weltkriegs

Am 24. August 1939 sticht das deutsche Kriegs- und Schulschiff »Schleswig-Holstein« von Swinemünde aus in See, offiziell, um der Freien Stadt Danzig einen Freundschaftsbesuch abzustatten. Noch in der Nacht nimmt das Schiff heimlich 225 Marineinfanteristen an Bord und erreicht den Danziger Hafen bereits am nächsten Tag. Aber erst am 1. September 1939 beginnt der Angriff auf die Westerplatte, eine Halbinsel vor Danzig, auf der die polnische Armee eine Garnison mit über 200 Mann Besatzung unterhält. Die Schüsse der »Schleswig-Holstein« gelten als Beginn des Zweiten Weltkriegs.

Die allererste Salve erfolgte jedoch vom Leuchtturm gegenüber der Westerplatte, genau genommen aus dem zweiten Obergeschoss. Dort waren in der Nacht deutsche Maschinengewehrschützen stationiert worden, die befehlsgemäß morgens um 4.45 Uhr mit dem Beschuss der Westerplatte begannen – wohingegen die »Schleswig-Holstein« mit drei Minuten Verspätung angriff.

Der Leuchtturm von Neufahrwasser (Nowy Port) weist Schiffen seit 1894 den Weg, wurde aber Mitte der 1980er Jahre außer Betrieb genommen und lag anschließend brach. Inzwischen ist der 27 Meter hohe Backsteinbau in Privatbesitz, er wurde von Kapitän Jacek Michalak renoviert und zum Museum umgebaut sowie mit nautischen Geräten bestückt. Das interessanteste davon zierte den Leuchtturm von Anfang an: der sogenannte Zeitball auf dem Mast der Turmspitze. Dabei handelt es sich um einen Chronometer, dessen Signal es den Schiffen in der Danziger Bucht erlaubte, die Uhren genau einzustellen. Täglich um 11.55 Uhr wurde die 75 Kilogramm schwere Kugel auf die Mastspitze gezogen. Um Punkt 12 Uhr löste ein elektromagnetischer Impuls den Zeitball aus, und die Kugel rutschte weithin sichtbar den Mast hinunter. Seit 2008 zeigt die restaurierte Zeitkugel jeweils um 12, 14, 16 und 18 Uhr sekundengenau die Zeit. Kann man dann ja sein Handy danach stellen …

Adresse Ulica Przemysłowa 6a, 80-542 Gdańsk, www.latarnia.gda.pl | **ÖPNV** Tram 3, 5, Haltestelle Latarnia Morska | **Öffnungszeiten** Mai–Aug. Di–So 11–16 Uhr | **Tipp** Ein kurzer Spazierweg führt vom Leuchtturm zum Anleger und weiter bis zur Hafeneinfahrt von Nowy Port.

56 Die Maßeinheiten

Eine Frage des richtigen Maßstabs

Es gab allerhand strenge Vorschriften für den Handel in der Hansestadt Danzig, die sicherstellten, dass Händler faire Preise berechneten und keine betrügerischen Praktiken anwendeten oder wucherten. Dazu gehörte insbesondere die Kontrolle von Gewichten und Maßen seitens des Rates beziehungsweise der Bürgerschaft.

Im Rechtstädtischen Rathaus tagten nicht nur der Stadtrat und der Bürgermeister, dort befand sich auch die Stadtwaage – eine öffentliche Einrichtung, die über Maße und Gewichte herrschte und so Betrug vorbeugte oder Steuern bestimmte. Etwaige Streitigkeiten konnten dort durch Nachwiegen beigelegt werden.

Diverse Maßeinheiten, darunter ein Ellen- und ein Zollstock sowie ein Meterstab, befinden sich bis heute gut sichtbar an der Rathauswand: rechts von der Treppe zur Langgasse hin und so für Händler und Kunden gleichermaßen einsehbar. Die Maße sollen bereits im 16. Jahrhundert angebracht worden sein. Das Problem war schon damals, dass in unterschiedlichen Landstrichen ganz eigene Einheiten galten. Umso wichtiger war, dass wenigstens innerhalb von Danzig jederzeit auf ein und dieselben Maße zurückgegriffen werden konnte.

Klafter, Elle, Fuß und Stab wurden erst im 19. Jahrhundert schrittweise vereinheitlicht und durch überregional verpflichtende Maßeinheiten ersetzt. Bis dahin waren allein in den deutschsprachigen Ländern mehr als ein Dutzend Fußmaße gebräuchlich. Abhilfe schaffte eine Einheit jenseits von Körperproportionen: Das metrische System wurde zunächst in Paris eingeführt und hatte den zehnmillionsten Teil der Strecke vom Äquator über die französische Hauptstadt bis zum Nordpol als Grundlage. Der Urmeter aus Platin liegt heute noch in Paris. Es dauerte fast ein Jahrhundert, bis 17 Staaten die Meterkonvention unterschrieben, die auch die Einführung von Gramm und Kilogramm umfasste und ab 1875 lokale Maßeinheiten überflüssig machte.

Adresse Długa 46, 80-831 Gdańsk | ÖPNV 7 Minuten zu Fuß vom Hohen Tor und der Bus- und Tramhaltestelle Brama Wyżynna | Tipp Einblicke in die Handelsgeschichte der Stadt und den daraus resultierenden Reichtum gibt das Stadtmuseum, das sich im Rechtstädtischen Rathaus befindet.

57 Die Meteorologische Säule

Weltbekannt: Daniel Gabriel Fahrenheit

Der wohl mit Abstand bekannteste Pole ist weder Joseph Conrad noch Papst Johannes Paul II. und auch nicht Robert Lewandowski – sondern ein gewisser Daniel Gabriel Fahrenheit aus Danzig. Jeder US-Bürger kennt diesen Namen, sind doch die USA das einzige Land der Welt, das die Temperatur in Grad Fahrenheit misst und nicht in Grad Celsius.

Die Celsiusskala benutzt den Gefrier- und den Siedepunkt von Wasser mit 0 beziehungsweise 100 Grad zur Skalierung, Fahrenheit ging Anfang des 18. Jahrhunderts jedoch von einem absoluten Nullpunkt aus. Die null Grad seines Systems verortete er bei minus 17,8 Grad Celsius. Das geschah jedoch nicht anlässlich eines winterlichen Besuchs in seiner Geburtsstadt Danzig, wie es eine Legende wissen will, sondern auf experimentellem Weg: durch die Vermischung von Eis mit Mineralsalzen.

Eine weitere Legende besagt, polnische Auswanderer hätten die Fahrenheit-Skala nach Amerika gebracht, was leider auch nicht stimmt. Fahrenheit verließ Danzig früh, wurde im niederländischen Den Haag ansässig und unterhielt enge Beziehungen zur Royal Society in London. Diese wiederum exportierte die Fahrenheit-Skala in die Kolonien und damit nach Amerika. Dort hielt man nach der Unabhängigkeit schlicht an dem gewohnten Maßstab fest, ohne europäische Moden mitzumachen. Denn auf dem alten Kontinent setzte sich mit dem schwedischen Wissenschaftler Andreas Celsius schließlich ein Zeitgenosse von Fahrenheit durch.

Als einem Sohn der Stadt Danzig setzte man Fahrenheit am Langen Markt ein Denkmal. Geboren wurde er wenige hundert Meter entfernt, in der Hundegasse. Das Denkmal besteht nicht aus einer Büste, sondern aus einer meteorologischen Säule mit Barometer und Thermometer.

Adresse Langer Markt/Ecke Mieszczańska, 80-831 Gdańsk | ÖPNV 7 Minuten zu Fuß vom Hohen Tor und der Bus- und Tramhaltestelle Brama Wyżynna | Tipp Fahrenheits wiederaufgebautes Geburtshaus liegt um die Ecke in der Ogarna 95 und wird von einer Gedenktafel geschmückt – natürlich in Form eines Thermometers.

58_Das Museumsdepot

Danzigs Geschichte vom Meer aus gesehen

Das Nationale Maritime Museum unterhält gleich vier Standorte in Danzig, den größten davon auf der Südspitze der Ołowianka-Insel. Drei alte Speicher aus dem 19. Jahrhundert wurden umfassend renoviert und miteinander verbunden, sodass dort die nötige Ausstellungsfläche entstand. Platz genug, sollte man meinen. Aber das Museum nutzt zudem einen Flecken Brachland unmittelbar neben den Speichern als Freiluft-Depot: Schiffsaufbauten, eine Tauchkugel, ein riesenhafter Kolbenmotor, Bei- und Rettungsschiffe, nicht zu identifizierende Metallteile – ein ganzes Sammelsurium sieht man von der Straße aus, ohne das Museum überhaupt zu betreten. Auch der Mast des Seerettungsschiffs Bolko hat drinnen offensichtlich keinen Platz mehr gefunden und wurde als Publikumsmagnet kurzerhand auf dem Bürgersteig abgestellt. Wobei mit »Mast« der gesamte meterhohe Aufbau samt Radarsystem gemeint ist.

Trotz all dieser Attraktionen außerhalb des Museums sei der Besuch der Ausstellungsräume vor allem jenen ans Herz gelegt, die nur kurz in Danzig verweilen. Das Maritime Museum erstreckt sich über mehrere Stockwerke und präsentiert eine umfassende Darstellung Danziger Geschichte anhand des Handels und der Schifffahrt. Nicht ganz unwesentlich ist dabei, dass die Informationen auch auf Englisch und Deutsch dargeboten werden, was in Danzigs anderen Museen nicht immer der Fall ist. Man bestaunt eine beeindruckende Vielfalt an Exponaten, darunter historische Kanonen, großformatige Ölgemälde, Harpunen oder Werkzeug und Schutzausrüstung der Werftarbeiter. Ein ganzer Raum ist Unterwasserfunden gewidmet und zeigt zum Beispiel Geschirr, Takelage und persönliche Gegenstände aus einem schwedischen Kriegsschiff. Dieses sank 1637 und lag über 300 Jahre auf dem Grund der Danziger Bucht. Schädelfunde und moderne Forensik ermöglichten es, sogar die Gesichter der schwedischen Seeleute zu rekonstruieren.

Adresse Narodowe Muzeum Morskie w Gdańsku, Ołowianka 9–13, 80-751 Gdańsk, www.nmm.pl | **ÖPNV** Bus 100, Haltestelle Targ Rybny, von dort zu Fuß über die Brücke | **Öffnungszeiten** Depot von außen einzusehen; Museum: Di, Do–So 10–16 Uhr, Mi 13–16 Uhr, letzter Einlass eine Stunde vor Schließung | **Tipp** Jenseits der Autobrücke hinter dem Museum geht die Angielska Grobla ab – der Englische Damm. Dort soll sich zu Zeiten des Deutschen Ordens eine ganze Kolonie englischer Kaufleute niedergelassen haben.

59 Die neue Klappewiese

Die Wüste der Stadt

Es ist durchaus möglich, dass Danzig gegenwärtig die weltweit größte Brache direkt an der City besitzt. Sicherlich werden sich aber bald auch für die einstige Klappewiese Investoren finden und dort Apartmentblocks entstehen.

Noch warnen Schilder auf dem abgesperrten Areal auf drei Sprachen vor »gefährlichem Gelände«, in phantasievollem Deutsch heißt es weiter: »Der Aufenthalt droht mit der Krüppelhaftigkeit oder dem Tod.« Schuld sollen Industrieabfälle aus sozialistischer Zeit sein, es heißt, der Boden sei stellenweise kontaminiert. An der ursprünglichen Nutzung aber liegt es nicht. Auf der Klappewiese wurden Danzigs Abwässer »verklappt«, das heißt, die Felder wurden damit berieselt, als würde man Gülle ausfahren. Dies wurde mit der Entstehung moderner Klärwerke überflüssig und das Gelände deshalb umgewidmet. 1894 wurde dort der städtische Vieh- und Schlachthof in Betrieb genommen. Die Lage in unmittelbarer Nähe zur Innenstadt und gleichzeitig an einem schiffbaren Weichselarm sowie an großen Zubringerstraßen war ideal für die Bedürfnisse industrieller Schlachtung. Eine Gleisverbindung zum Bahnhof Leegestor wurde zusätzlich geschaffen, um die Logistik zu optimieren.

Kühlhaus, Eisfabrik, Rinderhalle, Generatorenblock und separates Sanitärschlachthaus für kranke Tiere – alles Vergangenheit. Heute stehen nur noch wenige halb verfallene Hallen inmitten des Areals, dic Klappewiese ist zu einem klassischen Lost Place geworden. Aber als solcher ist sie nicht ohne Charme. Der Dachstuhl der Verwaltungsbauten an der Angielska Grobla ist am Einstürzen, die Gründerzeitbauten sind umzäunt, die Fenster verblendet. Durch die Lücken zwischen den Bauten erhascht man jedoch Einblicke in das riesige Areal des Schlachthofs. Einzig an der Ecke zur Długa Grobla werden ein paar nachgedunkelte Backsteingebäude weiter bewirtschaftet: Dort residiert ein Kohlenhändler.

Adresse Angielska Grobla, 80-756 Gdańsk | **ÖPNV** Bus 106, 111, Haltestelle Długie Ogrody, von dort 5 Minuten zu Fuß durch die Krowoderska | **Tipp** Nur einen Block weiter südlich hat einen die Stadt wieder: Mit dem Brama Żuławska steht ein weiteres altes Stadttor unbeachtet direkt vor der Schnellstraße.

60 Das Niesztuka

Wo Shakespeare auf sein Essen wartet

Sagen wir es vorneweg: Das junge Niesztuka ist ein kulinarisches Highlight, das jedoch als Geheimtipp gilt und alles andere als überlaufen ist. Inmitten der überwiegend traditionell geprägten Gastronomieszene Danzigs sticht das ambitionierte Restaurant heraus, zumal es seit 2018 auf der bildschönen Mariacka residiert, quasi von Konkurrenz umzingelt.

Die junge Crew gibt an, eine Neo-Bar zu bewirtschaften, kein Restaurant – wegen des Verzichts auf Tischdecken, der entspannten Atmosphäre und weil es keinen Menüzwang gibt. Jeder bestellt das, was er will, und zwar in der Reihenfolge, wie es ihm passt. Die Gerichte haben es in sich, sowohl was die Präsentation angeht als auch im Hinblick auf die Geschmackskombinationen. Das Küchenkonzept ist ebenso ungezwungen wie das rustikal-elegante Ambiente, man lässt sich kein Korsett überstülpen und kocht »glokal«. Das bedeutet, dass die meisten Zutaten saisonal ausgewählt und lokal beschafft, je nach Bedarf (und Laune des Chefkochs) aber mit auswärtigen Produkten ergänzt werden. Die Auswahl an Vor- und Hauptspeisen ist sehr übersichtlich, wechselt jedoch monatlich, sodass wiederkehrende Gäste stets etwas Neues probieren können. Für eine anspruchsvolle vegane Variante wird trotz der kleinen Karte zusätzlich gesorgt, auch dies hat Seltenheitswert in Danzig, vor allem auf diesem Niveau.

Bemerkenswert ist auch die Location hinter den hohen Fenstern des Kamienica Gotyk, des »Gotischen Hauses« von 1451. Über dem Portal steht noch »Klub Aktora« zu lesen, ein Hinweis auf die Schauspieler, die hier in den 1970er Jahren verkehrten. Auf diese Vergangenheit verweist auch das Logo des Niesztuka: das stilisierte Haupt Shakespeares, mit Messer und Gabel bewaffnet. »Niesztuka« bedeutet übrigens wörtlich »Keine Kunst« – aber das meint das Team sicherlich ironisch, so akribisch wie die einzelnen Teller arrangiert werden.

Adresse Mariacka 2/3, 80-833 Gdańsk | ÖPNV 10 Minuten zu Fuß von der Bus- und Tramhaltestelle Hucisko | Öffnungszeiten Mo–Fr 14–22 Uhr, Sa, So 13–23 Uhr | Tipp Was Karte, Stil und Service angeht, zeigt sich das Canis auf der nahen Ogarna-Straße ebenfalls modern. Zuweilen gibt es hier auch Livemusik.

61 Das Nowy Browar

Neue Bierauswahl im alten Gebäude

Neu ist hier nicht die Brauerei, neu ist die Gastronomie. Die ehemalige staatliche Brauerei Nummer Eins, das Hevelius Bräu, ist heute Heimat des Nowy Browar, eines modernen gastronomischen Angebots im historischen Backsteingebäude. Obwohl der ursprüngliche Industriecharakter des Baus mit offenen Wänden und hohen Decken betont wird, wurde er erfolgreich revitalisiert, indem moderne Elemente mit der historischen Architektur kombiniert wurden. In Polen genießt »shabby« keinen guten Ruf – lieber wertet man das Ambiente mit sandgestrahlten Backsteinen, glänzenden Lampenschirmen und Metallrohren gekonnt auf.

Nicht nur der Bereich des Nowy Browar, sondern das gesamte ehemalige Brauerei-Areal wurde in den letzten Jahren gründlich transformiert. Neben dem Restaurant ist die Bäckerei Hewelka samt Café eingezogen, Apartments wurden eröffnet, ein mondäner Hotelkomplex kam dazu, eine Wellness- und Spa-Landschaft sowie weitere Geschäfte sollen folgen.

Meistens hört man hier hauptsächlich Polnisch, für die umliegenden Büros stiftet der Außenbereich mit Klapp- und Liegestühlen einen perfekten Ort zum Entspannen. Für Touristen hingegen liegt all das etwas weit ab vom Schuss. Dem Publikum wird durch die Speisenauswahl Rechnung getragen: Es gibt Sandwiches und die üblichen Burger, aber auch klassische polnische Carnivoren-Küche.

Die Bierauswahl stammt übrigens von der Familienbrauerei Amber aus Bielkywko nahe Danzig. Die Brauerei existiert erst seit 1994 und braut ihre Biere nach traditionellen Rezepten, dabei setzt sie auf handwerkliche Qualität statt auf industrielle Verfahren. Browar Amber hat sein Sortiment seit der Gründung kontinuierlich erweitert und bietet mittlerweile mehrere Dutzend Biersorten an. Regelmäßig ausgezeichnet bei den »World Beer Awards«, organisiert die Brauerei im Sommer ein eigenes Bierfest, um die lokale Bierkultur zu zelebrieren.

Adresse Jana Kilińskiego 7E, 80-452 Gdańsk | ÖPNV S-Bahn, Haltestelle Wrzeszcz | Öffnungszeiten täglich 12–0 Uhr | Tipp Das Bistro Kuźnia am Anfang der Straße Wajdeloty residiert in einem alten Herrenhaus.

62 Die Ojcowska

Mikrokosmos und städtebauliches Kuriosum

Die Straße Ojcowska sei von den Nazis erbaut worden, hört man in Danzig häufig. Das könne man ganz klar daran erkennen, dass die beiden geschlossenen Zeilen der kleinen Häuser ein doppeltes »S« ergäben – jedenfalls von oben betrachtet – und somit für die SS, die Schutzstaffel, stünden. In der Tat sollen während des Zweiten Weltkriegs Wehrmachtsoffiziere in einigen der Häuschen einquartiert gewesen sein, ansonsten aber stimmt die Geschichte nicht. Das sieht man schon daran, dass die Straße ursprünglich nach dem Berliner Lehrer, Sozialpolitiker und Bodenreformer Adolf Damaschke benannt wurde, der zeitlebens parteilos geblieben war. Zahlreiche Straßen in Deutschland (etwa in Kassel, Berlin oder Dessau) tragen dessen Namen und weisen damit oft auf Siedlungsprojekte hin. So auch in Danzig. Die Häuserzeilen der Ojcowska wurden um 1930 erbaut, als Danzig sozialdemokratisch regiert wurde. Mit Siedlce (Schidlitz) entstand damals auf den Moränenhügeln jenseits der Altstadt ein neuer Stadtteil.

Die geschwungene Linie der Ojcowska folgt einerseits den topografischen Gegebenheiten und andererseits der Ökonomie. In zwei geschlossenen Blocks von jeweils 250 Metern Länge konnten so 110 Wohneinheiten untergebracht werden, die zur Hangseite hin Gärten zur Selbstversorgung aufwiesen. Wie kleine Reihenhäuser waren sie mit jeweils einem eigenen Eingang versehen. Bis zum Bau der großen Plattenbauten waren die beiden Zeilen der Ojcowska die längsten zusammenhängenden Gebäude Danzigs und dürften städtebaulich einmalig sein. Dennoch fehlt jeder öffentliche Hinweis auf diese Kuriosität, man muss schon selbst hierher finden, um den kleinen Kosmos in Augenschein zu nehmen.

Eines aber konnten die Planer von einst nicht wissen: wie viel Raum die Autos mit der Zeit einnehmen würden. In Danzig kursiert daher der Witz, in der Ojcowska sei mehr Platz in den Autos als in den Wohnzimmern.

Adresse Ojcowska, 80-147 Gdańsk | ÖPNV Bus 130, Haltestelle Wyczółkowskiego 02, von dort einige Meter zurücklaufen, nach rechts in die gleichnamige Straße abbiegen, nach 150 Metern wieder rechts in die Ojcowska | Tipp Siedlce ist, von den Hauptstraßen abgesehen, ein Gartenviertel geblieben, das von Fußpfaden durchzogen ist. Auch am Ende der Ojcowska führt rechts ein Steig hinunter zur Skarpowa und damit Richtung Innenstadt.

63__Der Oliva Star

Höchstes Gebäude, bester Blick, sterneverdächtig!

180 Meter misst der monumentale Glasquader des Oliva Star, er überragt damit alle anderen Gebäude der Dreistadt. Mehr als 200.000 Quadratmeter Bürofläche sollen insgesamt entstehen, doch ganz fertig ist der Innenausbau noch nicht. Für einige Stockwerke werden noch Mieter gesucht, auf den anderen Etagen und in den angrenzenden Neubauten tummelt sich bereits alles, was Rang und Namen hat: ThyssenKrupp, PwC, Amazon, Allianz oder Bayer. Wo aber täglich Tausende Meetings und Geschäftsessen stattfinden, da braucht es gepflegte Gastronomie in der Nähe.

Das Arco liegt im 33. Stockwerk und wird vom katalanischen Starkoch Paco Pérez geführt – mediterrane Küche im Fine-Dining-Style vor deckenhohen Fensterfronten. Einen Stern hat Pérez' Statthalter Antonio Arcieri zwar noch nicht erkocht, einschlägige Erfahrungen bringt er jedoch mit. Der einzige Grund, warum das Arco den Rekord als höchstgelegenes Restaurant der Danziger Bucht nicht für sich allein beanspruchen kann, ist sein Nachbar, die Gastro- und Tapasbar Treinta y Tres auf demselben Stockwerk. Hier geht es ein wenig lockerer zu, und man darf à la carte bestellen, muss also nicht gleich mehrere hundert Euro für ein ganzes Menü hinblättern. Und das obwohl beide Lokalitäten von derselben Küche aus bewirtschaftet werden, auch im Treinta y Tres ist letztlich Paco Pérez' Meisterhand am Werk.

Damit nicht genug: Auf der 32. Etage residiert noch ein weiteres Restaurant, das Vidokówa. Dieses gibt sich samt dem öffentlichen Aussichtsbereich (Piętro Widokowe) entschieden volkstümlicher und offeriert auch profane Gerichte wie Pizza. Wenn es also nicht unbedingt der Superlativ des 33. Stocks sein muss, dann kommt man auch ein Stockwerk tiefer noch hoch genug hinaus. Über die atemberaubende Aussicht, die man von hier oben auf Oliwa und Danzig sowie die Danziger Bucht genießt, nur so viel: Sie spottet jeder Beschreibung!

Adresse Piętro Widokowe und Restauracja Vidokówa, Aleja Grunwaldzka 472C, 80-309 Gdańsk, www.oliviastar.pl | **ÖPNV** S-Bahn, Haltestelle Przymorze-Uniwersytet | **Öffnungszeiten** Mo–Do 12–22 Uhr, Fr 12–23 Uhr, Sa 11–23 Uhr, So 11–20 Uhr, letzte Auffahrt zur Aussichtsplattform 80 Minuten vor Schließung | **Tipp** Freunde der fernöstlichen Kochkunst aufgepasst: Das Restaurant Koku Sushi befindet sich zwar »nur« im Erdgeschoss des Olivia Star, erfreut sich aber eines exzellenten Rufs!

64 Die Oliwa-Mündung

Urtümlicher Küstenabschnitt

Es gibt rund um Danzig volle Küstenabschnitte, weniger volle und absolut idyllische. An der Oliwa-Mündung ist etwas von jenem Zauber zu spüren, der um die Jahrhundertwende Sopot zur mondänen Kurstadt werden ließ. Der Verwalter des Domänenamtes in Brück (Mosty) war so fasziniert von der natürlichen Schönheit dieses Küstenbereichs, dass er seinen Amtssitz 1819 nach Sopot verlegte und mit den Planungen für einen Kurort begann, der schließlich den Elsässer Arzt Jean Georg Haffner anzog.

Der Oliwaer Bach (Potok Oliwski) kommt direkt vom Oliwski-Park, also aus dem Oliwa-Bezirk beziehungsweise den bewaldeten Anhöhen dahinter. Bei Jelitkowo ist der Grüngürtel am Meer erhalten, dort schieben sich Parklandschaften zwischen Mietshäuser und Meeresarm – der riesige Ronald-Reagan-Park und der kleinere Park Jelitkowski, dessen Anlage den Krieg überstanden hat.

Im Hinterland stehen groß anlegte Sozialbau-Siedlungen der 1970er und 1980er Jahre, in den Parks haben internationale Ketten Residenzen und Hotelkomplexe entstehen lassen, und dennoch wirkt der Strandabschnitt samt der Bachmündung und der Vegetation urtümlich. Wer von der Danziger Innenstadt aus den Tag am Meer verbringen will und Ruhe sucht, der ist hier besser aufgehoben als in Sopot oder Stogi. Sobald man sich von der Mündung aus nach rechts wendet und die Hotelbauten hinter einem liegen, läuft man entlang geschützter Dünung, und der Publikumsverkehr nimmt bis zur Mole von Brösen (Brzeźno) merklich ab. Ähnlich wie in Zoppot (Sopot) verschaffte die neue Eisenbahnverbindung Brösen ab Mitte des 19. Jahrhunderts Auftrieb und zahlreiche Sommerfrischler. Noch heute ist die Ortschaft durch die strandnahe Straßenbahn an das Danziger Netz angebunden und ein beliebtes Badeziel. Der Kurbetrieb ist Vergangenheit, die Strandhalle steht nicht mehr und die Seebrücke wurde Mitte der 1990er an anderer Stelle neu errichtet.

Adresse Strandaufgang Nummer 68 (Wejście na plażę nr 68), 80-341 Gdańsk | ÖPNV Tram 2, 4, 6, 8, Haltestelle Jelitkowo 02 | Öffnungszeiten ganzjährig rund um die Uhr | Tipp Landeinwärts wird der Ronald-Reagan-Park zum Outdoor-Sportplatz. Neben Skatepark und Spielplatz begeistert der kindgerechte Seilgarten »Port Brzeźno« (10–18 Uhr).

65 Die Ołowianka-Brücke

Wartezeiten am Fluss überbrücken

Einen Riesenumweg musste man machen, bevor 2017 die Fußgängerbrücke auf die Ołowianka-Insel eröffnet wurde. Seitdem aber entfällt der Fußmarsch über die Grüne Brücke und die Speicherinsel, der Weg vom Fischmarkt zur Baltischen Philharmonie oder zum Maritimen Museum ist ein Katzensprung geworden. Wartezeiten vor der Brücke nimmt man da doch gern in Kauf, auch wegen des Spektakels: Es handelt sich um eine Klappbrücke, die hydraulisch heruntergelassen werden muss. Dies geschieht jeweils zur halben Stunde und dauert ganze fünf Minuten. Die Gesamtlänge der Brücke liegt bei gut 70 Metern, die Kontroll- und Maschinenräume befinden sich auf der Insel.

Danach bleibt die Brücke für 25 Minuten passierbar. Anschließend sind wieder die Schiffe dran. Deshalb gilt es, sich rechtzeitig an der Brücke einzufinden, um nicht in die Röhre zu schauen – beziehungsweise auf das unüberbrückbare Wasser der Mottlau.

Eine ähnliche Konstruktion verbindet seit 2020 wenige hundert Meter weiter die Speicherinsel mit der Rechtstadt, wobei man sich dort für eine Schwenkbrücke entschieden hat. Die Parkposition dieser Anlage liegt in der Flussmitte, nichts lässt auf eine Brücke schließen, sobald diese erreicht ist. Vielmehr wirken die Metallarme im Wasser wie eine Art Skulptur unbekannten Zwecks.

Beide Brücken stellen aufgrund des Schauspiels des Klapp- oder Schwenkmechanismus mehr als nur willkommene Abkürzungen dar und sind selbst zu Attraktionen geworden. Sie ziehen zu Schließ- und Öffnungszeiten ganze Trauben an Schaulustigen an. Die Fußgängerbrücken haben das Stadtbild bereichert und die gegenüberliegende Flussseite unmittelbar belebt. Kritische Stimmen, die während der Planungs- und Ausschreibungsphase weniger modern anmutende Lösungen favorisiert hätten, sind längst verstummt. Gerade der Kontrast zwischen den alten Fassaden und der fast lautlos arbeitenden Technik macht den Reiz aus.

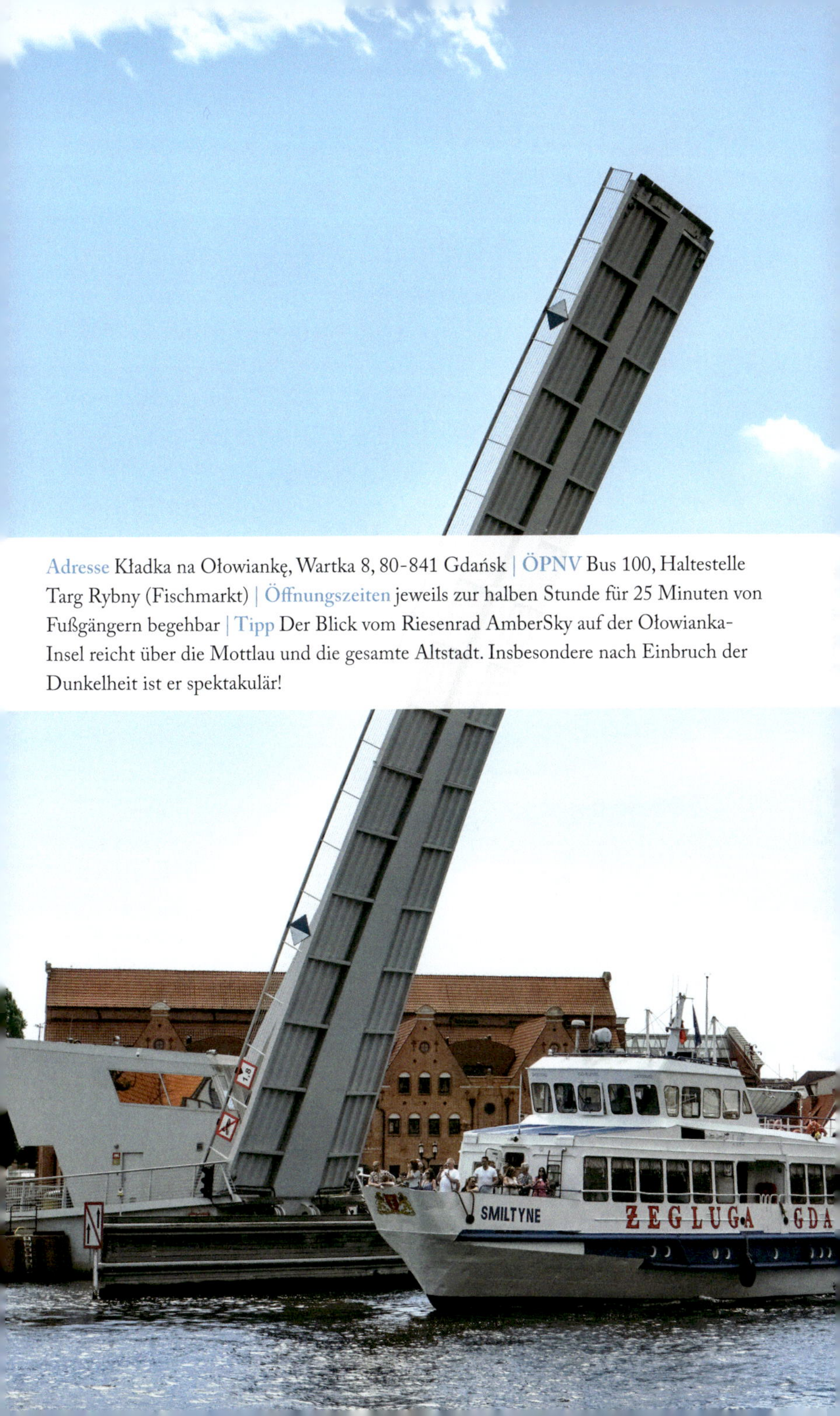

Adresse Kładka na Ołowiankę, Wartka 8, 80-841 Gdańsk | ÖPNV Bus 100, Haltestelle Targ Rybny (Fischmarkt) | Öffnungszeiten jeweils zur halben Stunde für 25 Minuten von Fußgängern begehbar | Tipp Der Blick vom Riesenrad AmberSky auf der Ołowianka-Insel reicht über die Mottlau und die gesamte Altstadt. Insbesondere nach Einbruch der Dunkelheit ist er spektakulär!

66 Das Oria Magic House

Neues Viertel, neues Glück

Veranstaltungsstätten, Restaurants, Grünflächen und Liegestühle am Ufer – wie viele verschiedene Gesichter Danzig haben kann, lässt sich einen Katzensprung von der Altstadt entfernt erfahren, sobald man die Wapienniczy-Brücke überschritten hat. Als »Löschplatz« wird der Uferbereich auf alten deutschen Karten ausgewiesen, noch 1907 investierte der Magistrat dort in ein neues Bollwerk.

Genau an dieser Stelle hat das Oria Magic House Liegestühle aufgestellt, bietet saisonale Kost zu wechselnden Themen und – ganz wichtig – fünf verschiedene Frühstücksvarianten von englisch bis polnisch. Und das sogar bis 12 Uhr! Auch bei Regenwetter ist das Restaurant eine hervorragende Anlaufstelle, einerseits wegen des bunten und geräumigen Interieurs, andererseits wegen der hauseigenen Bühne, auf der regelmäßig Kleinkunst geboten wird.

Die Gegend um die alte Werft (Stary Stocznia) ist ein Paradebeispiel für die Herausforderungen, denen sich polnische Städte durch ständigen Zuzug stellen müssen. Um Platz für neue Bewohner zu schaffen, werden Brachflächen und Industriestandorte umgewidmet. Über das Ergebnis und dessen ästhetische Qualität kann man geteilter Meinung sein und sich über Gentrifizierungseffekte zu Recht beschweren, am Ende bescheren die Karrees jenseits der Wapienniczy-Brücke Danzig jedoch nicht nur neue Facetten, sondern auch einen (vorerst) relativ ruhigen Platz an der Mottlau. Die Erschließung des einst als »Brabank« bekannten Uferabschnitts weitet die Promeniermöglichkeiten an der Mottlau um lauschige Plätze und mehrere Gaststätten aus – erstaunlich ist nur, dass trotz der Ruhe und des Blicks auf den Schiffsverkehr und die Spitze der Ołowianka-Insel die Touristen noch nicht so richtig hierher finden.

Im Prinzip handelt es sich bei den Neubauten um teure Eigentumswohnungen, doch in eines der Erdgeschosse ist das Oria Magic House eingezogen und macht sich die Ufernähe zunutze.

Adresse Stara Stocznia 4/1, 80-862 Gdańsk, www.omh.pl | ÖPNV Bus 106, 130, 166, Haltestelle Muzeum II Wojny Światowej, von dort 4 Minuten zu Fuß | Öffnungszeiten täglich 9–20 Uhr, Veranstaltungen siehe Website | Tipp Mit dem Kajak lässt sich die Stadt auf ungewöhnliche Weise erobern: Kajaki 3miasto liegt direkt an der Wiosny Ludów, verleiht das nötige Material und bietet Touren an.

67 Die Pelonker Höfe

Die vergessenen Herrenhäuser

Die Pelonker Höfe in Oliwa, das sind vier alte Gutshöfe (von insgesamt sieben gleichen Namens), die ursprünglich Teil einer zusammenhängenden Struktur waren und heute in privater Hand sind oder als Gästebetriebe unterhalten werden. Sie wurden einst nach dem Oliwaer Ortsteil Pelonken benannt und nicht mit individuellen Namen versehen, sondern einfach durchnummeriert – auch weil sie nicht bestimmten Familien oder Adeligen gehörten, sondern von der Oliwaer Zisterzienserabtei anfangs als Lehen vergeben wurden, weshalb die Besitzer häufig wechselten.

Erst nach der Auflösung des Klosters Mitte des 19. Jahrhunderts gerieten die Höfe in Privatbesitz. Der zweite Hof beispielsweise wurde zu einer christlichen Herberge und Begegnungsstätte umgebaut und wird unweit der Oliwaer Kathedrale heute noch von Nonnen geführt. Das dritte Gutshaus an der Polanki 122 hat eine interessante Geschichte: Es gehörte zeitweilig dem Vater des Philosophen Arthur Schopenhauer, der dort Teile seiner Kindheit verbracht hatte. Später wurde es zur Wasserheilanstalt umgebaut und schließlich zum Kinderheim. Heute ist es eine Erziehungsanstalt für straffällig gewordene Jugendliche, es wurde mit Stacheldraht umzäunt, um Unbefugten den Zutritt zu verwehren. Die Pelonker Höfe wurden seit der Säkularisierung nie als erhaltenswertes Kulturgut betrachtet, sondern einfach weiter genutzt, verkauft, umgebaut oder auch abgerissen.

Zu den beiden anderen Herrenhäusern im Hinterland kann man schön spazieren. Das Fünf-Sterne-Hotel Dwór Oliwski liegt am Oliwa-Bach und bietet seinen Gästen eine luxuriöse Unterkunft. Direkt dahinter befindet sich der nächste Hof, der leicht verwunschen und von Bäumen eingerahmt hinter einem kleinen Fischteich liegt. Beide bewirtschafteten einst das sie umgebende Tal und belieferten die nur wenige Meter entfernte Mühle Nummer 14, die noch erhalten ist.

Adresse Dwór Oliwski, Bytowska 4, 80-328 Gdańsk | ÖPNV Bus 117, 169, 171, 179, Haltestelle Cystersów | Öffnungszeiten nur von außen zu besichtigen | Tipp Sehenswert ist die alte Wasserschmiede unweit der letztgenannten Herrenhäuser (Bytowska 1).

68 Die Pierogarnia

Kleine Teigtaschen, groß im Geschmack

Kein Aufenthalt in Polen ohne Piroggen! Pierogi, wie sie in der Landessprache heißen, sind Teigtaschen, die es in vielen Varianten gibt. Ihre genaue Herkunft ist nicht bekannt, in Polen werden sie mindestens seit dem 13. Jahrhundert hergestellt. In Ländern wie Russland, der Ukraine, Belarus und Litauen kennt man sehr ähnliche Gerichte, außerdem existieren zahlreiche Varianten wie die Tortellini in Italien oder die Chinkali in Georgien. Der Legende nach hat Marco Polo das Rezept aus China mitgebracht und großzügig in Europa verteilt. Zu den häufigsten herzhaften Füllungen gehören Kartoffeln und Käse, Sauerkraut und Pilze, Hackfleisch und Zwiebeln oder auch Kohl. Die süßen Varianten werden oft mit Quark, Beeren, Mohn, Apfel oder Kirschen gefüllt und können auch mit Zimt und Zucker bestreut werden.

Die Frage, wo man die besten Pierogi bekommt, ist relativ einfach zu beantworten: nur in der Pierogarnia! Die Herstellung ist ein zeitraubender Prozess, und nur im auf dieses Gericht spezialisierten Restaurant geht man sicher, dass die Teigtaschen frisch und hausgemacht sind. Die Pierogarnia Stary Młyn hinter der Marienkirche ist berühmt für ihre im Ofen gebackenen Pierogi, sie hat aber auch klassisch gekochte im Angebot. Wer die Qual der Wahl scheut, bestellt einfach eine gemischte Platte mit 22 Piroggen verschiedener Füllungen und beider Garmethoden.

Sollte jemand die Riesenportion von 50 Stück wählen und diese binnen 38 Minuten vertilgen, werden 50 Prozent der Rechnung abgezogen. Aber ehrlich gesagt: Das ist nicht zu schaffen, eine einzelne Pirogge wiegt ziemlich genau 110 Gramm, 50 davon entsprechen also 5,5 Kilogramm! Aber man kann es ja mal versuchen. Viel Zeit, ein klassisches Kompott dazu zu trinken, bleibt dann allerdings nicht. Ja, richtig gelesen: trinken! Unter »Kompott« versteht man in Polen ein kühles Getränk aus gekochten Früchten, ein absoluter Klassiker im Sommer.

Adresse Świętego Ducha 64, 80-834 Gdańsk, www.pierogarnie.com | **ÖPNV** 10 Minuten zu Fuß von der Bus- und Tramhaltestelle Hucisko | **Öffnungszeiten** So–Do 11.03–21.56 Uhr, Fr, Sa 11.03–22.56 Uhr (ehrlich wahr!) | **Tipp** Regelrechte Schlangen bilden sich wenige hundert Meter weiter vor der Pierogarnia Mandu in der Elżbietańska. Das liegt an deren Spezialität, den süßen Pierogi!

69 Der Plaża Stogi

Danzigs Stadtstrand

Der Stadtstrand von Danzig liegt zur nordöstlichen Seite hin und ist nach dem einstigen Dorf Stogi benannt – zu Deutsch Heudorf. Heute bildet es eher eine Vorstadtsiedlung. Dahinter durchquert die Tram auf einmal Uferwald und fährt tatsächlich bis fast auf den Strand. Links sieht man die Kräne des neuen Frachthafens, des Baltic Hubs. Schon wegen der Erreichbarkeit ist hier sommers richtig Betrieb. Der Strandaufgang Nummer 26 wirkt wie ein kleines Amüsierdorf mit Ausschank, Pizzeria, bunten Handtüchern und Sonnenmilch in den Auslagen, es gibt Popcorn, Kaffee und natürlich Eis. Das Geschehen wird zusätzlich befeuert durch die Anrainer, zwei Campingplätze, die – ebenso wie die Strandaufgänge – Nummern anstelle von Namen tragen: 114 und 218. Beide liegen gepflegt und lauschig im Uferwald und sind daher hervorragende Ausweichquartiere, wenn man außerhalb der Stadt weilen und dennoch Anschluss haben möchte. Der Sandstrand zieht sich zur Linken über einen Nudistenbereich bis zum Aufgang Nummer 21 nahe dem Weichseldurchbruch und wird dabei immer wilder und einsamer, je weiter man sich von der Tramhaltestelle entfernt.

Bis 1840 sorgte der Dünengürtel der Binnennehrung dafür, dass die Weichsel in einer braven Kurve rund um Danzig floss. Dann aber machte ein Hochwasser den direkten Weg frei, durchbrach die Nehrung und spülte den Sand weg. Seitdem fließt der Großteil des Flusses unmittelbar ins Meer, nur der kleinere wählt das alte Bett. Daher stammt auch der Name des alten Arms: Tote Weichsel (Martwa Wisła). Ein Nebeneffekt dieses Ereignisses war, dass Danzig fortan weit weniger von Hochwasser heimgesucht wurde. Es war immer dann entstanden, wenn das Wasser durch Vereisung der alten Mündung zurückgestaut wurde, sodass man in der Altstadt nicht mehr trockenen Fußes über die Straße kam und deshalb in die Beischläge, die hochwassersicheren Vorbauten der Bürgerhäuser, investierte.

Adresse Plaża Stogi, Wydmy 1, 80-600 Gdańsk | ÖPNV Tram 9, Haltestelle Stogi Plaża | Öffnungszeiten Strand immer zugänglich, Buden nur im Sommer, Restaurant Plaża Stogi täglich 10–20 Uhr | Tipp Wer eine Strandwanderung machen möchte, kommt anschließend landeinwärts von Łowicka oder der Haltestelle Łęczycka mit der Buslinie 111 in die Altstadt zurück.

70 Die Polnische Post

Im Hinterhof des Widerstands

Sämtliche Verteidiger der Polnischen Post wurden ermordet: Direktor Jan Michoń wurde erschossen, als er mit weißer Flagge das Gebäude verließ, sein Begleiter mit einem Flammenwerfer in Brand gesetzt. Die anderen Verteidiger wurden erst im Hof aufgereiht, abgeführt und eine Woche später vor dem Kriegsgericht zum Tod verurteilt. Die Urteile wurden wenige Tage später und ohne Ausnahme vollstreckt.

Neben der Westerplatte wurde die Polnische Post in Danzig zum allerersten Schauplatz des Zweiten Weltkriegs. Danzig war als Freie Stadt zwar unabhängig, sowohl die Polnische Post als auch die Eisenbahn unterhielten jedoch Betriebsstätten auf Danziger Gebiet. Die Post wurde mit Lehrgängen und Waffenlieferungen sogar auf einen Angriff vorbereitet, nachdem Hitler im April 1939 den deutsch-polnischen Nichtangriffspakt aufgekündigt hatte.

Zeitgleich mit der Westerplatte wurde am frühen Morgen des 1. September 1939 die Polnische Post angegriffen, sie konnte aber 14 Stunden lang verteidigt werden. Deshalb genießen die etwa 50 Verteidiger bis heute in Polen Heldenstatus, ein monumentales Denkmal vor dem Postgebäude erinnert an sie, und im Postgebäude zeichnet ein Museum den Kampf nach. Günter Grass widmete dem Gefecht zudem in der »Blechtrommel« ein berühmt gewordenes Kapitel.

Gleichermaßen bedrückend und beeindruckend ist der Gang in den Hof des Postgebäudes, also dorthin, wo die Verteidiger nach der Kapitulation an der Wand aufgereiht wurden: Kleine Gipsplatten mit Handabdrücken sind an der Backsteinmauer angebracht und veranschaulichen so den Standort. Die letzten Handabdrücke sind die eines Kindes, der damals zehnjährigen Adoptivtochter des Hausmeisters. Diese wurde zusammen mit anderen Verletzten im Anschluss an die Kämpfe in ein Krankenhaus gebracht, wo sie verstarb. Noch heute wird ihrer gedacht, indem Blumen und Stofftiere an der entsprechenden Stelle abgelegt werden.

Adresse Muzeum Poczty Polskiej w Gdańsku, plac Obrońców Poczty Polskiej 1/2, 80-800 Gdańsk | **ÖPNV** Bus 106, 130, 166, Haltestelle Muzeum II Wojny Światowej, von dort in wenigen Minuten zu Fuß über die Brücke bis zum Platz vor dem Postgebäude | **Öffnungszeiten** Mo, Mi, Do–So 10–16 Uhr, Do 10–18 Uhr, Monument »Pomnik Obrońców Poczty Polskiej« frei zugänglich | **Tipp** Von der Post führt ein lauschiger Spazierweg am Radaune-Kanal entlang bis zum Mottlau-Ufer.

71 Der Punkt Humboldta

Sackgasse am Meer

1840 weilte der große Wissenschaftler Alexander von Humboldt mehrere Tage in Danzig, um als Ehrenmitglied in die Naturforschende Gesellschaft aufgenommen zu werden. Die Hansestadt kannte der Weltreisende bereits von einem früheren Aufenthalt und lobte daher den westlichen Wellenbrecher an der Hafenausfahrt als schönsten Ort Danzigs. An der Mole des »Falorochon Zachodni« eröffne sich einem der spektakulärste Blick. Man muss dabei wissen, dass Humboldt Nowy Port und den Wellenbrecher 1834 auf dem Schiff passiert hat und nicht zu Fuß, wie es die zahlreichen Spaziergänger heute machen, wenn sie den Punkt Humboldta aufsuchen.

Die Stelle ist aber auch von Land aus absolut spektakulär, denn sofort hinter der Mole mit dem kleinem Leuchtturm öffnet sich die Danziger Bucht, und man hat das Gefühl, mitten im Wind, den Wellen und den vorbeifahrenden Schiffen zu stehen. Weiter hinaus geht es nicht mehr, der Wellenbrecher ist die exponierteste Stelle, und daher ist es kein Wunder, dass der Punkt Humboldta zu den beliebtesten Zielen der Danziger zählt – Schönwetter vorausgesetzt. Am Wochenende kann es auf dem Zuweg am Meer, der Kamenie Falerochu, mit Radfahrern, Skatern und Strandgästen eng werden.

Einmal zumindest wollen alle hinaus. Auch deshalb gibt es vor Ort mit dem Przystanek Latarnia sogar eine kleine Restauration. Von der Küche sollte man nicht allzu viel erwarten, aber die Liegestühle und die Bänke eigenen sich hervorragend, um von dort aus mit einem Kaltgetränk in der Hand den Schiffsverkehr zu beobachten. Ein bisschen Zeit sollte man sich nehmen, die großen Fähren verkehren nicht alle fünf Minuten, und tagsüber dominieren Segel- und Ausflugsschiffe. Sobald aber ein mehrstöckiges Linienschiff die Passage zwischen Westerplatte und Nowy Port meistert, ist man so nah dran, dass man aus dem Staunen nicht mehr herauskommt.

Adresse Przemysłowa 28, 80-515 Gdańsk | ÖPNV Tram 3, 5, Haltestelle Brzeźno Dom Zdrojowy, von dort zu Fuß durch den Brzeźnieński-Park und immer am Ufer entlang | Öffnungszeiten immer zugänglich, selbst in der Dämmerung oder im Winter toll, nur bei Wind und hohem Wellengang nicht ratsam | Tipp Am Frauentor an der Motława erinnert eine Plakette in drei Sprachen an Humboldts Aufenthalt in Danzig.

72 Der Rajców-Keller

Biertradition im historischen Gewölbekeller

Vom Vorgarten, den Sonnenschirmen und den Tischen direkt am berühmten Neptunbrunnen sollte sich keiner täuschen lassen. Das Herzstück der Piwnica Rajców liegt unter Tage: im historischen Gewölbekeller des Artushofs. Selbst bei schönstem Sonnenschein sollte man diesen Ort auf keinen Fall verpassen, sondern hier einkehren.

Der Keller wurde im 14. Jahrhundert erbaut und diente den Ratsherren und Kaufleuten als gediegener Versammlungsort. Im Laufe der Jahrhunderte wurde er für verschiedene Zwecke genutzt, bis er schließlich in den 1950er Jahren wieder in eine Gaststätte umgewandelt wurde. Hier unten kann man die Geschichte und Tradition des Bierbrauens in Danzig hautnah erleben. Es ist schon etwas dran, wenn behauptet wird, die Seele Danzigs sei nicht im Rathaus, nicht in Museum und auch nicht an der Mottlau-Promenade zu finden, sondern just in diesem Keller.

Die Wände des gründlich renovierten Gewölbes sind mit alten Fotos und historischen Gegenständen dekoriert, die Sudkessel blitzen und sind in Betrieb. Das Restaurant ist gleichzeitig Brauerei, zwei von insgesamt 24 (!) Sorten Bier werden an Ort und Stelle gebraut. Manche davon fallen eher klassisch aus, andere sind experimentierfreudige Craftbiere, die regelmäßig Preise gewinnen – unter anderem bei der jährlichen »Polish Craft Beer Competition«. Wer sich zwischen süßlich-kräftigem Porter, strengem Pils und der polnischen Interpretation eines obergärigen Weizens nicht entscheiden will, der bestellt einfach die Probiervarianten als Bierbrett, also alles auf einmal!

Ein kleiner Wermutstropfen ist allerdings die Küche, denn das Menü ist eher international ausgerichtet. Polnische Gasthausküche ist vertreten, spielt jedoch hinter Pasta, Pizza und Burgern eine untergeordnete Rolle. Zum Bier reicht aber auch die Brotzeit – oder die kalte Schlachtplatte, die immerhin vom hauseigenen Metzger bestückt wird.

Adresse Długi Targ 44, 80-830 Gdańsk, www.piwnicarajcowgdansk.pl | **ÖPNV** 10 Minuten zu Fuß vom Hohen Tor und der Bus- und Tramhaltestelle Brama Wyżynna | **Öffnungszeiten** täglich 12–22 Uhr | **Tipp** Wenn man den Namen der Kneipe »Pijalnia Wódki I Piwa« ein paar Meter weiter mit »Bier- und Wodka-Trinkhalle« übersetzen würde, wäre keiner beleidigt. Sie macht dementsprechend auch erst um 4 Uhr nachts zu.

73 Das Rathaus

Rechtstadt, Rathaus und Residenz

Die historische Innenstadt Danzigs setzt sich aus Altstadt und Rechtstadt zusammen. Beide sind heute für Besucher jedoch kaum auseinanderzuhalten. Bis zum 15. Jahrhundert aber stellten diese Teile administrativ und machtpolitisch getrennte Einheiten dar: Die Neustadt, die »rechte« (richtige) Stadt, erhielt schon 1343 das Stadtrecht, die Altstadt folgte erst um 1377. Knapp ein Jahrhundert später wurden beide Stadthälften zusammengelegt, Machtzentrum war hinfort das Rechtstädtische Rathaus in der Langgasse.

Dass dieses seitdem gern mit dem Dogenpalast von Venedig verglichen wird, liegt an den zahlreichen Um-und Anbauten. Schon die Verleihung des Stadtrechts hatte den Neubau eines Rathauses notwendig gemacht. Ein bestehendes Gebäude wurde deshalb zwischen 1379 und 1382 erweitert und unterkellert. Das Rathaus erhielt eine rechteckige Form, ein zweistufiges Dach und einen ersten, 15 Meter hohen Turm. Nach dem Thorner Frieden von 1466 fiel ganz Westpreußen an das Königreich Polen. Danzig behielt jedoch seine Privilegien und – mehr noch – wurde zur Königsstadt. Das Rathaus fungierte hinfort als Residenz, weshalb der Turm erhöht wurde und einen Helm aus Kupfer sowie eine goldene Statue vom damaligen König Sigismund II. August erhielt, die heute noch vom Dach strahlt. Während der Umbauarbeiten wurden zudem kleine Renaissancetürmchen an den Ecken hinzugefügt. In einem der Türmchen befand sich die sogenannte »Glocke der Sünder«, die immer dann geläutet wurde, wenn Todesstrafen vollstreckt wurden.

Das Rathaus ist zusammen mit der Danziger Innenstadt Kandidat für das UNESCO-Welterbe, obwohl fast das gesamte Gebäude samt den Innenräumen in den 1950er Jahren neu aufgebaut werden musste. Ironischerweise ist das Altstädtische Rathaus im Gegensatz dazu eines der wenigen Danziger Gebäude, die den Zweiten Weltkrieg unbeschadet überstanden haben.

Adresse Długa 46, 80-831 Gdańsk | ÖPNV 7 Minuten zu Fuß vom Hohen Tor und der Bus- und Tramhaltestelle Brama Wyżynna | Öffnungszeiten Mo, Di, Do, Sa, So 10–18 Uhr, Mi, Fr 10–16 Uhr | Tipp Die nächste Querstraße, die Kramarska, gilt mit ihrem Kopfsteinpflaster, den Giebeln und der Straßenflucht zur Marienkirche als eine der malerischsten Ecken der Stadt.

74_Das Reiterstandbild

Geretteter Retter

Direkt an den Erdbeermarkt schließt der repräsentativere Holzmarkt an. Beide gingen aus Flächen hervor, die sich einst vor der Stadtmauer befanden. Erst mit dem Ausbau Danzigs zur Festung wurden die Plätze in die historische Innenstadt einbezogen. Über den nahen Radaune-Kanal kamen die Waren.

1904 wurde der Holzmarkt erstmals zu einem parkähnlichen Platz umgestaltet und mit einem Kriegerdenkmal ausgestattet, das den preußischen Siegen in den Einigungskriegen von 1864 bis 1871 gewidmet war. Heute ziert ein Reiterstandbild des polnischen Königs Jan Sobieski den Platz. Der ist für seinen Sieg gegen das osmanische Heer bei Wien berühmt und gilt in Polen als Retter des Abendlandes – ganz so wie Skanderbeg auf dem Balkan oder Karl Martell in Frankreich.

Die »Migrationsgeschichte« des Denkmals ist erstaunlich: Es wurde nämlich erst 1965 in Danzig aufgestellt und stammt ursprünglich aus der heutigen Ukraine, genauer gesagt aus Lwiw (Lemberg). Dort wurde es 1898 enthüllt. Sobieski war aus der Gegend und besaß ein Palastgebäude in der Stadt, war also neben seiner Funktion als Verteidiger des christlichen Abendlandes auch ein Held von lokaler Bedeutung. Aber nur bis zum Ende des Zweiten Weltkriegs. Als Lwiw und die Ukraine an die Sowjetunion fielen, gab es zunächst Vorschläge, die Bronzestatue dahingehend zu verändern, dass sie dem ukrainischen Nationalhelden Bohdan Khmelnytskyi ähnlich sah. 1950 hat man sie schließlich doch noch den polnischen Behörden übergeben. Diese wussten zunächst nicht viel mit dem Standbild anzufangen und parkten es 16 Jahre lang nahe dem Wilanów-Palast bei Warschau. 1965 schließlich wurde die sieben Tonnen schwere Bronzeplastik Richtung Ostsee geschickt. Wie andere Flüchtlinge aus den polnischen Ostgebieten landete Sobieski schließlich in Danzig – mit etwas Verspätung, aber immerhin.

Adresse Pomnik Króla Jana III Sobieskiego, Targ Drzewny 9, 80-800 Gdańsk | ÖPNV wenige Minuten zu Fuß von der Bus- und Tramhaltestelle Hucisko; Bus 100, Haltestelle Targ Drzewny | Tipp Immer für eine Einkehr oder ein schnelles Bier gut ist das direkt gegenüber gelegene »Ministerstwo Śledzia i Wódki«. Das »Ministerium für Hering und Wodka« ist ab 14 Uhr geöffnet, einmal die Woche gibt es abends Karaoke.

75 Das Restaurant Kubicki

Die Legende lebt!

Das Kubicki ist keineswegs das älteste Restaurant Danzigs, auch wenn das gern behauptet wird. Im Gegensatz zu manchem Gewölbekeller wurde es erst 1918 eröffnet, stellt aber dennoch eine der traditionsreichsten Einkehrmöglichkeiten der Stadt dar. Während der kommunistischen Jahre avancierte es zu einer Art Künstlertreff. Hartnäckig hält sich das Gerücht, neben polnischen Literaten und Schauspielern habe auch ein gewisser Günter Grass regelmäßig vorbeigeschaut.

Zwischen den Kriegen firmierte das Kubicki als »Café International« und war weniger Restaurant als nächtlicher Treffpunkt insbesondere der polnischsprachigen Minderheit – Livemusik und Tänzerinnen inklusive. Die wilden 1920er Jahre waren in Danzig wohl auf das Etablissement am Fischmarkt begrenzt, sodass der legendäre Ruf den Kommunismus überleben konnte. Eine Reminiszenz an diese bewegten Zeiten sind heute die Klavier- und Gesangseinlagen, die die bürgerliche Atmosphäre und das durchaus anspruchsvolle Menü auflockern. Von der ehemaligen Kneipe mag zudem noch das stilechte Ambiente überdauert haben. Ansonsten aber findet sich das Kubicki heute unter den ersten kulinarischen Adressen Danzigs, weil man sich dort auf eine verfeinerte Form der polnischen Küche und eine ansprechende Präsentation versteht.

Das Interieur mit den Backsteinwänden, den historischen Stadtansichten, Schiffsmodellen und dem klassischen Mobiliar versetzt die Gäste in eine andere Zeit, während die Speisenauswahl und die aufmerksame Bedienung den heutigen Standards gehobener Küche entsprechen. Anlässlich der Eröffnung hat Bronisław Kubicki einst folgende Anzeige aufgegeben: »Den geschätzten Landsleuten der Stadt Danzig teile ich freundlich mit, dass ich ein Restaurant mit täglichem Konzert eröffnet habe. Meine Absicht ist es, einen zuverlässigen Service zu bieten.« Das ist über 100 Jahre danach immer noch wahr.

Adresse Wartka 5, 80-841 Gdańsk, www.restauracjakubicki.pl | ÖPNV Bus 100, Haltestelle Targ Rybny | Öffnungszeiten täglich 12–23 Uhr, abends Reservierung empfohlen | Tipp Vom Fischmarkt legen heute Ausflugsboote ab, auch die Linie 5 der Wasserstraßenbahn landet dort an.

76 Die Schiffbrüchigen

Stahlskulpturen entsteigen dem Meer

Diese Attraktion befindet sich mitten in der Kaiserlichen Werft: Der Bildhauer Czesław Podleśny hat seine mannshohen Schrottskulpturen so auf eine Schiffsrampe gesetzt, dass es scheint, als würden sie gerade dem Meer entsteigen – einige stehen noch im flachen Wasser. Podleśny arbeitet gleich in der Nähe in seinem Atelier im angrenzenden WL4 Art Space. Der Standort der Skulpturen ist also auch diesem Umstand geschuldet, wiewohl die Figurengruppe in die alte Werftanlage passt wie die sprichwörtliche Faust aufs Auge.

Anlass, die »Schiffbrüchigen« aufzustellen, war der 30. Jahrestag der ersten freien Wahlen in Polen, obwohl der Künstler sich auf keinerlei Interpretation festlegen mag. Die ersten sieben Skulpturen fanden derart Gefallen, dass Podleśny flugs weitere schuf. Inzwischen ist nur noch ein Teil vor Ort, der Rest wird jeweils im Sommer auf einer Wanderausstellung durch Polen gezeigt. Zum Erstaunen ihres Schöpfers ist das Areal der Werft regelmäßig Schauplatz von Hochzeits-Fotoshootings – wohl wegen der interessanten Kontraste der hier zu findenden Materialien.

Die Stahlteile, aus denen die roboterartigen Wesen zusammengeschweißt sind, stammen aber nicht von hier, sondern von Schrottplätzen der Umgebung. Podleśny hat hauptsächlich Autos und landwirtschaftliche Maschinen verarbeitet, nichts Maritimes aus der Werft. Er behauptet, das Zweitleben des Materials könne länger dauern als dessen erster Einsatz: Bis zu 100 Jahre gibt er seinen figürlichen Darstellungen. Der Standort dafür ist ihnen jedenfalls sicher, sie dürfen dauerhaft in der ausrangierten Anlage bleiben.

Podleśny plant weitere Skulpturen aus Altmetall, will mit neuen Schöpfungen aber näher an den Publikumsverkehr rücken und diese in Sichtweite der Ausflugsboote an der Weichsel aufstellen. Einen Ort dafür sucht er noch, so lange werden weitere Arbeiten wohl in der Nähe der »Schiffbrüchigen« zwischengelagert.

Adresse Rzeźby Wychodzące z Morza, Dokowa 1, 80-863 Gdańsk | **ÖPNV** Bus 106, 166, Haltestelle Rybaki Górne | **Tipp** Das Backstein-Warenlager WL4 ein paar Schritte weiter dient einem ganzen Künstlerkollektiv als Arbeitsplatz und Ausstellungsraum. Einfach vorbeischauen!

77_Das Schopenhauer-Haus

Vom Kaufmannsdasein zur Philosophie

Dass Schopenhauers Name kaum mit Danzig in Verbindung gebracht wird, liegt an der Flucht seiner Familie vor den Preußen. Vater Schopenhauer war freiheitlich-republikanischer Gesinnung und suchte samt Familie 1793 das Weite, als infolge der zweiten polnischen Teilung Danzig unter absolutistische preußische Herrschaft fiel. Arthur war zu dem Zeitpunkt erst fünf Jahre alt. Zur Welt gekommen war er im Stadthaus der Familie in der Heilig-Geist-Gasse 114, der heutigen Ulica Świętego Ducha 45/47.

Das Haus wurde nach dem Krieg wieder errichtet, inzwischen erinnert eine Gedenktafel an Schopenhauer. Dessen Eltern entstammten beide wohlhabenden Danziger Kaufmannsfamilien, und die Mutter wuchs in derselben Gasse auf, in der heutigen Nummer 111/113, deren Barockfassade samt emblematischer Schildkröte auf dem Giebel ebenfalls rekonstruiert wurde. Nach dem Wiederaufbau widmete man die Kaufmannshäuser in Mehrfamilienhäuser um, daher kommt die doppelte Nummerierung. Nicht wiederhergestellt wurde allerdings die Häuserzeile gegenüber von Schopenhauers Geburtshaus, Bäume und Parkplätze sind neueren Datums, und man muss sich die Gasse dunkler und enger vorstellen, als es heute der Fall ist.

Arthur Schopenhauer wuchs nach der Flucht in Hamburg heran, ging auf die Kaufmannsschule, wurde anschließend in die Lehre geschickt und kehrte 1804 kurzzeitig nach Danzig zurück: in das Handelshaus von Jacob Kabrun, einem der einflussreichsten Kaufleute der Stadt. Als kurz darauf der Vater stirbt, schmeißt Schopenhauer die Lehre und besucht das Gymnasium sowie später die Universität und wird Philosoph. Obwohl er in Goethe einen Fürsprecher findet, dauert es über ein Vierteljahrhundert, bis die Erstauflage seines Hauptwerks »Die Welt als Wille und Vorstellung« verkauft ist. Er starb mittellos und vereinsamt in Frankfurt, ohne die Stadt seiner Geburt noch einmal wiedergesehen zu haben.

Adresse Świętego Ducha 45/47, 80-834 Gdańsk | **ÖPNV** 5 Minuten zu Fuß von der Bus- und Tramhaltestelle Hucisko | **Öffnungszeiten** nur von außen zu besichtigen | **Tipp** Direkt neben dem einstigen Stammhaus von Johanna Schopenhauers Familie ist heute eine Zweigstelle der Regionalbibliothek untergebracht, dort lässt sich ein rekonstruiertes Stadthaus also auch von innen begutachten.

78_Die Schwanenbastei

Einer von zwölf erhaltenen Türmen

1308 wurde Danzig von den Rittern des Deutschen Ordens besetzt und blieb bis Ende des 14. Jahrhunderts unter deren nicht unbedingt beliebter Herrschaft. Die ältesten Teile der Stadt sind daher nicht etwa an der Langgasse oder dem Langen Markt zu suchen, auch nicht in der Rechtstadt oder in der Altstadt, sondern rund um die einstige Burg der Kreuzritter. Diese stand am Mottlau-Ufer, genauer gesagt hinter dem Fischmarkt, und wurde von der sogenannten Fischerbastei von 1410 begrenzt, welche den Hafen an der Mottlau kontrollierte. Dieser Wehrturm aber musste kein halbes Jahrhundert später ebenso wie die Burganlage daran glauben, und die Herrschaft des Deutschen Ordens fand ein jähes Ende.

Stattdessen erhebt sich an Ort und Stelle mit dem runden Schwanenturm ein Nachfolgebau. Die Danziger änderten jedoch die Ausrichtung des Gebäudes und nahmen vorsichtshalber die Reste der Festung ins Visier. Von den mindestens 42 Türmen der Stadtbefestigung, die für das Ende des 15. Jahrhunderts nachgewiesen wurden, ist nur noch ein Dutzend erhalten. Die Bastionen verloren im Lauf der Zeit schlicht ihre Bedeutung für die Verteidigung der Stadt und wurden zum Großteil aufgegeben.

Noch vor dem Zweiten Weltkrieg war der Schwanenturm mit schmalen Häusern zugebaut und wurde erst durch deren Zerstörung wieder im Stadtbild sichtbar. Dann wurde schlicht vergessen, auch die zweite Häuserreihe des Fischmarkts (Targ Rybny) zu rekonstruieren – der Platz blieb zur Mottlau hin offen. Der Turm wiederum wurde erst 1967 vollständig rekonstruiert, die Sichtachse blieb frei, allerdings konkurriert er inzwischen mit dem Neubau des Hilton-Hotels direkt dahinter um Aufmerksamkeit. Zugänglich ist der Turm nicht. Wer sich trotzdem einen Überblick verschaffen will, kann auf den Turm des nahen Archäologischen Museums ausweichen. Von dort oben blickt man unter anderem direkt in die bildhübsche Mariacka-Straße.

Adresse Targ Rybny, 80-980 Gdańsk | **ÖPNV** Bus 100, Haltestelle Targ Rybny | **Öffnungszeiten** nur von außen zu besichtigen | **Tipp** Imposant und tolle Aussichtspunkte sind die beiden Rundtürme des sogenannten »Milchkannentors«, die gegenüber auf der Speicherinsel liegen.

79 Das Speicherhaus

Im einstigen Burghof

Auf alten deutschsprachigen Karten ist der Name noch verzeichnet: »Burgstraße« nennt sich die Verlängerung des Altstädtischen Grabens. An ihrem Ende bog links die Rittergasse ab, heute Rycerska. Wer von der Ulica Wartka durch die kleine Gasse an der Fußgängerbrücke hindurchgeht, steht dort, wo sich einst der Burghof des Deutschen Ordens befand. Auf einmal wirkt Danzig kleinteiliger, mittelalterlicher und weit entfernt von der bürgerlichen Pracht von Langgasse und Langem Markt.

Das markante Fachwerkhaus mit der Nummer 16 ist ein alter Speicher namens »Zum Hirschen«, wie man am dreidimensionalen Emblem am First erkennen kann. Die Burg der Ordensritter beherrschte nicht nur die Stadt, sondern auch den Hafen, die ersten Werften und Löschplätze an der Brabank, den Fischmarkt, wo heute nur noch Fähren anlegen, sowie den eigens erbauten Radaune-Kanal und damit weite Teile des Handels. Der Speicher ist mehr als eine Reminiszenz an diese Zeit: Bei Konflikten mit dem Danziger Magistrat mischten sich die Ritter gern ein und leiteten beispielsweise Güter in ihre Hochburg Elbing (Elbląg) um. Die Frühhanse hatte mit dem Deutschen Orden einen nicht unerheblichen Hemmschuh am Fuß, der nach Lust und Laune in die Hansestatuten eingriff und sich vor allem bereichern wollte.

Was heute etwas verloren und abseits scheint, war demnach das einstige strategische, politische und wirtschaftliche Zentrum der Stadt. Von hier aus wurde die Anlage der Rechtstadt geplant und das Bewässerungssystem erschaffen. Die beiden Siedlungen zu Füßen der Festung zählen zusammen mit dem Dominikanerkloster zu den ältesten Teilen Danzigs. Weber, Ankerschmiede, Zimmerleute, Seilmacher waren dort angesiedelt, wohingegen die Kaufleute, Patrizier und Stadtherren weiter weg wohnten. Die Geschichte hat diese Koordinaten schließlich verschoben, hin zu den Herrenhäusern und hinüber auf die Speicherinsel.

Adresse Spichlerz Pod jeleniem (heute El Mariachi Tequila Bar & Club), Grodzka 16, 80-841 Gdańsk | ÖPNV Bus 100, Haltestelle Targ Rybny | Öffnungszeiten Club täglich ab 17 Uhr | Tipp Die Grodzka mündet im Podwale Staromiejskie, also im Altstädtischen Graben, der wiederum die Grenze der Altstadt markiert und an Mauerresten vorbeiführt.

80 Die Speicherinsel

Auf Schleichwegen

Es gibt zwei Möglichkeiten, die alten und neuen Fassaden der Speicherinsel in Augenschein zu nehmen: vom Boot aus oder über einen versteckten Fußweg am anderen Ufer. Auf der Speicherinsel werden, wie überall in Danzig, hastig Brachen bebaut, alte Fassaden abgerissen oder transformiert, sodass nicht klar ist, wie lange die Silhouette noch dieselbe sein wird. Gegenwärtig jedenfalls stehen zahlreiche der alten Backsteinfronten noch, wenngleich mitunter das Dach fehlt.

Der Weg verläuft direkt am Ufer von der Popielny- zur Motlawski-Brücke und ist nicht auf allen Karten eingezeichnet, weil er etwas vernachlässigt und leicht zugewachsen ist. Davon sollte man sich aber vor allem am Einstieg nicht abschrecken lassen. Wenige Schritte die Böschung hinunter, und man genießt den bestmöglichen Blick auf die alten Speicher.

Über 300 Getreidespeicher sollen einst in der Mottlau existiert haben – auf Aushub, denn die Speicherinsel ist künstlichen Ursprungs. So viel Vorrat war freilich nicht für die Stadt gedacht, sondern fürs ferne Ausland. Insbesondere Holland importierte polnisches Getreide über Danzig. Die gesamte Speicherstadt wurde später an das Schienennetz angebunden, ein Strang führte längs durch die Insel bis hin zum Güterbahnhof Leeges Tor.

Von den alten Speichern ist heute nur an der Südspitze noch etwas zu sehen, die Nordspitze ist bereits völlig mit Neubauten erschlossen. Immerhin ahmen diese die spitzgiebelige Form der einstigen Vorratshallen nach und integrieren deren Überbleibsel. Völlig intakt zeigt sich einzig das »Blaue Lamm« (Błękitny Baranek), ein siebenstöckiger Speicher, mit dessen Bau im 16. Jahrhundert begonnen wurde. Er ist der Einzige, der den Zweiten Weltkrieg unbeschadet überstanden hat. Bis 2021 wurde er vollständig renoviert und zum Hauptsitz des Archäologischen Museums von Danzig. Seither wird er auch gern »Blauer Löwe« genannt.

Adresse Einstieg an der Popielny-Brücke, Toruńska, 80-747 Gdańsk | ÖPNV Bus 106, 111, Haltestelle Muzeum Narodowe | Öffnungszeiten nur von außen zu besichtigen | Tipp Das Museum im »Blauen Lamm« birgt unter anderem eine äußerst lebendige Nachbildung einer mittelalterlichen Gasse Danzigs.

81 Das Speymannhaus

Ein Goldschloss

Gold, wohin man sieht. Keiner scheint es nötiger gehabt zu haben, seinen Reichtum sichtbar zu machen, als der Kaufmann Johann Speymann. Der Auftraggeber und Erbauer des sogenannten »Goldschlosses« (Złota Kamienica) war aber nicht nur Kaufmann, sondern auch Ratsherr und von 1613 bis 1625 sogar Bürgermeister von Danzig. Umso repräsentativer musste seine Heimstatt ausfallen. Während das Löwenschloss schräg gegenüber als schönstes Bürgerhaus von Danzig gilt, stellt das Goldschloss gewiss das üppigste dar. Polnische Könige und antike Helden zieren die Fassade, oben auf dem Dachfirst stehen Skulpturen von Kleopatra, Ödipus, Achilles und Antigone. Damit ist das Goldschloss allerdings untypisch für die Bürgerhäuser in der Langgasse, die zwar gern auftrumpfen, dabei aber niemals angeben. Und schon gar nicht mit so viel ostentativem Goldlack, wie ihn Speymann vom Rostocker Handwerker Hans Vogt anbringen ließ. Der Architekt des Hauses war übrigens Abraham van den Blocke, der zwar in Königsberg geboren wurde, aber flämischer Herkunft war.

Wegen der innigen Verbindungen der Hansestädte und insbesondere Danzigs mit den Niederlanden spricht man heute vom »flämischen Stil«, wenn man die Renaissancebauten und die im Manierismus entstandenen Fassaden der Stadt meint. Der florierende Handel über die See hatte dafür gesorgt, dass sich ab dem ausgehenden Mittelalter zahlreiche holländische Handwerker, Architekten und auch Kaufleute in Danzig niederließen und das Antlitz der Stadt entscheidend prägten. Im 16. und 17. Jahrhundert war die Urbanisierung Hollands so weit fortgeschritten, dass Lebensmittel wie Getreide importiert werden mussten – vorzugsweise aus und über Danzig. Im Gegenzug brachten die Niederländer Gewürze, Stoffe und sogar Fisch nach Danzig. Ende des 17. Jahrhunderts soll etwa die Hälfte aller in die Stadt einlaufenden Schiffe unter holländischer Flagge gesegelt sein.

Adresse Długi Targ 41–42, 80-831 Gdańsk | **ÖPNV** 10 Minuten zu Fuß vom Hohen Tor und der Bus- und Tramhaltestelle Brama Wyżynna | **Öffnungszeiten** nur von außen zu besichtigen | **Tipp** Seit 1998 zeigt das Uphagenhaus in der Długa 12 bürgerliche Wohnkultur der Danziger Kaufleute. Im Gegensatz zum Speymannhaus ist es als Museum zugänglich.

82 Die Stacja Food Hall

Mehr von allem

Die Idee hinter der Stacja Food Hall ist ebenso simpel wie genial: In der Mitte stehen Tische und Bänke, während rundherum kulinarische Schätze aus aller Welt angeboten werden. Dies geschieht in Kombination mit Theken und separaten Bars unter demselben Dach. Auf diese Weise können sich die Gäste nach Belieben versorgen und dennoch gemeinsam an einem Ort verweilen. Der Stacja Food Hall ist es gelungen, das Konzept von Streetfood und Foodtrucks auf den Innenbereich zu übertragen – ganz ohne Straßen oder fahrbare Untersätze. Stattdessen werden die einzelnen Imbisse (Foodstalls) vermietet, wodurch eine vielfältige Auswahl an Speisen auf engstem Raum möglich ist: von japanischen Ramen-Nudeln über Burger und traditionelle polnische Eintöpfe bis hin zu Waffeln, Pfannkuchen, Pizza und Pasta.

Im Obergeschoss der Galeria Metropolia gelegen, hat die Stacja Food Hall einen derart großen Erfolg erzielt, dass sie mittlerweile zahlreiche Nachahmer gefunden hat. Insbesondere für ein jüngeres Publikum hat sich das gesamte Stockwerk zum Treffpunkt und Hangout entwickelt oder dient als Ausgangspunkt für vielfältige Freizeitaktivitäten. Ob Konzerte und Veranstaltungen im Peron 5, Fußballspielübertragungen im Beer Spot, entspannte Musik im Funky Monkey, stundenlanges Gaming, Laserspiele oder Kinobesuche – die Galeria legt Wert darauf, keine Wünsche offenzulassen.

Der einzige Wermutstropfen zeigte sich während der Coronapandemie, denn für die Rentabilität der einzelnen Foodstalls ist ein reger Publikumsverkehr unabdingbar. Reichen die Besucherzahlen nicht aus, geraten die Betreiber schnell in Schwierigkeiten. Zudem besteht die Gefahr, dass die sogenannten »Early Adopter« weiterziehen, wenn an einem anderen Ort noch coolere, farbenfrohere und größere Angebote entstehen. Allerdings dürfte es noch eine Weile dauern, bis die Stacja Food Hall übertroffen wird. Wenn überhaupt!

Adresse Galeria Metropolia, Jana Kilińskiego 4, 80-266 Gdańsk, www.stacjafoodhall.pl | **ÖPNV** S-Bahn, Haltestelle Wrzeszcz | **Öffnungszeiten** täglich 12–22 Uhr | **Tipp** Der kleine Park Kuźniczki schräg gegenüber ist als Kleinhammerpark aus Günter Grass' Danziger Trilogie bekannt.

83__Das Stadion Gdańsk

Das Bernstein-Ei mit den vielen Namen

Das Bild vom Ufo muss schon deswegen bedient werden, weil die Fassadenstruktur des Stadions in Bernsteintönen schimmert, ein Effekt, der sich abends verstärkt, wenn die Fußball-Arena illuminiert wird. Es wirkt so, als wäre zwischen Nowy Port und Brzeźno etwas gelandet, was da nicht wirklich hingehört.

Es war nicht der lokale Erstligist Lechia Gdańsk, der den Stadionneubau nötig gemacht hätte, sondern die Fußball-Europameisterschaft von 2012, die Polen zusammen mit der Ukraine abhielt. Es gab nicht ausreichend moderne Stadien, die den Anforderungen der UEFA genügt hätten. Deswegen wurde Lechia Gdańsk ein bernsteinfarben schimmerndes Ei gelegt, das über 40.000 Zuschauer fasst. Vor Ort kursierte damals der Witz, die 37 VIP-Logen seien völlig ausreichend, um bei Heimspielen die Zuschauer aufzunehmen.

Geplant wurde das Stadion unter dem Namen »Baltic Arena«, ein erster Sponsorenvertrag machte daraus die »PGE Arena Gdańsk«, ein zweiter bestand auf »Stadion Energa«, und gegenwärtig versucht man, »Polsat Plus Arena« durchzusetzen – vergeblich. Mangels Konkurrenz reicht es völlig aus, das Stadion als »die Arena« zu bezeichnen. Als die Spielstätte im August 2011 mit einer Partie gegen Cracovia Krakau eingeweiht wurde (leider nur 1:1), trat Lechia Gdańsk erstmals im drittgrößten Stadion Polens auf und bestritt damit, wie böse Zungen meinten, gewissermaßen ein Auswärtsspiel.

Neben Fußballspielen werden auch Konzerte und andere Großveranstaltungen in der Arena abgehalten. Sie verfügt über modernste Technik, die Tribünen sind vollständig überdacht. Es gibt aber noch mehr Gründe, das Stadion zu besuchen: Die angeschlossene Movement Arena wartet mit Attraktionen wie Paintball und Escape Rooms auf. Es gibt eine Trampolinzone, eine Gokart-Bahn, eine Mini-Seilbahn und sogar Bungee-Jumping. Wenn also abends in der Bernstein-Arena noch Licht brennt, dann nicht unbedingt wegen Lechia Gdańsk.

Adresse Pokoleń Lechii Gdańsk 1, 80-560 Gdańsk | ÖPNV Tram 3, 7, 10, Haltestelle Stadion | Öffnungszeiten je nach Veranstaltung, Movement Arena täglich 10–21 Uhr | Tipp Ebenfalls auf dem Stadion-Areal ist die Playground Arena beheimatet, ein riesiger Indoorspielplatz mit Betreuungsmöglichkeit für die Jüngsten.

84 Der Stadtbrunnen

Danziger Wasserkunst und -versorgung

Allein entlang der Świętojańska gab es einst neun öffentliche Brunnen. Allerdings handelte es sich dabei nicht um Tiefenbrunnen, sondern um Wasserquellen, die mit unterirdischen Holzrohren verbunden waren und durch diese gespeist wurden. An der Ecke zur Minoga-Straße wurde vor wenigen Jahren eine stilisierte Nachbildung eines solchen Nahversorgung-Brunnens aufgestellt, wobei man sich in der Gestaltung von einem alten Kupferstich inspirieren ließ, der auch den exakten Standort gegenüber dem Portal der Johanniskirche verriet. Die glatte Pyramidenform ist also zumindest an die Vergangenheit angelehnt, neu ist wohl, dass das Wasser auf Knopfdruck rinnt.

Über das Stadtgebiet verteilt soll es insgesamt sogar 600 Wasserstellen gegeben haben. Durch Wassertürme und Kanäle wurde das Nass mit Hilfe von Pumpen aus den umliegenden Seen in das System gelenkt, sodass der Stadt stets fließendes Wasser zur Verfügung stand. Dieses Netz ist als »Danziger Wasserkunst« bekannt und wurde nachweislich schon 1536 in Betrieb genommen. Ersonnen und errichtet worden war es von niederländischen Meistern, die unter anderem hölzerne Kolbenpumpen nutzten. Angetrieben wurde das Wassersystem von der Strömungskraft der Radaune beziehungsweise durch ein Wasserrad und einen zentralen, neun Meter hohen Zwischenspeicher. Das System baute sogar ausreichend Druck auf, um die Fontänen des berühmten Neptunbrunnens zu speisen.

Drei zentrale, ebenfalls hölzerne und nur mit Metall verstärkte Wasserleitungen speisten die Stadt und wurden über Bronzeguss-Ventile geregelt. Wenn es einen Beweis braucht, wie reich und fortschrittlich Danzig schon zu Anfang der Neuzeit war, muss man sich nur dieses Wassersystem anschauen!

Frühe Kolbenpumpen wurden übrigens auch auf der Speicherinsel (Wyspa Spichrzów) gefunden. Diese dürften dem System der Wasserkunst ähnlich gewesen sein und können im Archäologischen Museum Danzig bewundert werden.

Adresse Świętojańska/Ecke Minogi, 80-840 Gdańsk | ÖPNV Bus 100, Haltestelle Tokaskarna oder 10 Minuten zu Fuß von der Bus- und Tramhaltestelle Hucisko | Tipp Am unteren Ende der Świętojańska geht es durch das Johannistor (Brama Świętojańska) direkt zur Mottlau und zur Uferpromenade.

85 Die Steinschleuse

Von Wasser umfangen und geschützt

Als Danzig Anfang des 17. Jahrhunderts zur Festung ausgebaut wurde, spielte neben Bastionen und Wällen das Grabensystem eine herausragende Rolle. Gespeist von der Mottlau, schützte der Stadtgraben, der sogenannte Umfluter (Opływ Motławy), die Süd- und Westflanke der Stadt zum Danziger Werder hin. Kontrolliert wurde der Wassergraben durch die Steinschleuse. Wurde sie geschlossen, erhöhte sich der Wasserstand im Fluter und damit die Wehrfähigkeit: Kilometerweit konnte das Werder überflutet werden, der Zugang zur Stadt wurde damit von dieser Seite unmöglich.

Die Schleuse existiert heute noch und bildet nach wie vor das Einfallstor für die Mottlau. Die steinernen Vorbauten, die begrenzenden Absperrdämme samt den Ziertürmchen und vor allem die beiden vorgelagerten Schanzen – die sogenannten Lünetten – sind allerdings verfallen oder gar nicht mehr zu erkennen. Auch der strenge Zickzack-Verlauf des Umfluters ist einer verwilderten Wasserlandschaft gewichen, die hügelartigen Bastionen sind von Gras überwuchert und wirken wie willkürlich von Riesenhand abgelegt. All das stört aber nicht im Geringsten. Im Gegenteil, es macht den Reiz dieser unerwarteten Seite von Danzig aus.

Aus den Chroniken wissen wir, dass die Bastionen und der Umfluter der Stolz der Bürgerschaft waren und von dieser regelmäßig »inspiziert« wurden. Sprich: Man spazierte zur Vorstadt hinaus und die Verteidigungswälle entlang. Es scheint ein kollektives Bewusstsein dafür gegeben haben, dass diese erheblichen Investitionen in die Wehrhaftigkeit angesichts der Bedrohung durch die Schweden im Dreißigjährigen Krieg nötig und sinnvoll waren. Die Schleuse speiste nicht nur das Alte Hafenbecken, sondern auch eine neu erbaute Mühle mit drei Wasserrädern, deren Ruine direkt hinter der Anlage zu sehen ist. So wurde Danzig im Verteidigungsfall unabhängiger von der Wasserkraft des Radaune-Kanals und der Großen Mühle.

Adresse Śluza Kamienna, Grodza Kamienna 80-740, 80-001 Gdańsk | **ÖPNV** Bus 123, 131, Haltestelle Brama Nizinna | **Tipp** Auf die einzelnen Bastionen führen Wege und Trampelpfade. Einen großartigen Blick auf die Wasserlandschaft von Mottlau und den Umfluter bietet die Bastion Maidloch (Żubr).

86 Der Sweet Factory Store

Regenbogenbuntes Schlaraffenland

Hier geht es ausschließlich um Süßes – und zwar in jeder erdenklichen Form: Der Sweet Factory Store in Danzig ist ein wahres Schlaraffenland für alle Naschkatzen und bietet eine überwältigende Auswahl an glänzenden Bonbons, Schaumzuckerwaren und Fruchtgummis – herrlich bunt und herrlich ungesund. Die Marke aus Danzig hat sich seit ihrer Gründung im Jahr 2018 rasant zu einem Phänomen entwickelt, nicht zuletzt dank ihrer Präsenz auf sozialen Plattformen wie TikTok und Instagram. Inzwischen betreibt die Firma Filialen in 14 polnischen Städten, die alle dem gleichen Motto folgen: Mehr ist mehr!

Im Flagship-Store in der Langgasse versammeln sich Schulklassen, Jugendliche, junge Erwachsene und Süßigkeitenliebhaber jeden Alters, um die prachtvollen Leckereien zu bestaunen und Selfies vor den farbenfrohen Regalen aufzunehmen. Anders als bei der bekannten deutschen Konkurrenz sind die Süßigkeiten hier nicht einzeln verpackt und sparsam portioniert. Stattdessen werden sie in raumhohen Plastikröhren und transparenten Containern präsentiert, sodass sich jeder nach Herzenslust bedienen und leicht zu viel mitnehmen kann. Dabei kommen viele Besucher tatsächlich nur zum Schauen, ohne selbst eine Tüte in der Hand zu halten. Ebbt der Besucherstrom auch nur kurz ab, wird schnell und behände nachgefüllt: ein halb leeres Fach, eine Plastikröhre mit fallendem Füllstand – dergleichen darf im Schlaraffenland nicht passieren!

Künstliche Verknappung herrscht nur bei den Sonderposten, den Herzchen zum Valentinstag, den Osterleckereien oder den Weihnachtsspezialitäten. Das orgiastische Ambiente des Sweet Factory Store macht den Laden zu einem Pflichtstopp inmitten der ansonsten eher traditionell-zurückhaltenden Geschäfte der Długa – egal, ob man sich eine eigene Naschtüte zusammenstellen möchte oder einfach nur das visuelle Feuerwerk genießen will.

Adresse Długa 30/31, 80-831 Gdańsk | ÖPNV 8 Minuten zu Fuß vom Hohen Tor und der Bus- und Tramhaltestelle Brama Wyżynna | Öffnungszeiten täglich 10–22 Uhr | Tipp Schnell, günstig, lecker: Polnische Hausmannskost serviert die Neptun Bar zwei Häuser weiter.

87_Die Świętego Ducha

Mit Mut zur Lücke

Am unteren Ende der Świętego Ducha öffnet sich die Straße zu einem kleinen, baumbestandenen Platz mit Raum zum Spielen, dahinter Parkplätze. Idyllisch, könnte man meinen. Dann aber fällt einem auf, dass es sich bei der Balustrade auf der freien Straßenseite um Beischläge handelt, also um jene typischen Vorbauten, mit denen sich die Bürgerhäuser Danzigs vor Hochwasser schützten. In der Świętego Ducha jedoch fehlen die zugehörigen Häuser, die entsprechende Zeile wurde nie wieder errichtet.

Das vorherrschende Prinzip beim Wiederaufbau Danzigs war nicht originalgetreue Rekonstruktion, sondern die sogenannte Blockrandbebauung. Nur die Fassaden um die einzelnen Karrees herum wurden instand gesetzt, das Innere der Blöcke aber blieb meist unbebaut oder wurde mit kleinen Gartenanlagen, Kindergärten, Heizhäusern oder Spielplätzen ausgestaltet. Man kann das gut erkennen, wenn man einen historischen mit einem heutigen Stadtplan vergleicht: Danzig ist heute viel grüner und weit weniger dicht bebaut als zu Vorkriegszeiten.

Teilweise wurden ganze Ecken weggelassen oder Häuserreihen gar nicht erst wiederaufgebaut, die Świętego Ducha ist da keine Ausnahme. So wurde zum Beispiel auch der Platz vor der Marienkirche frei gelassen, weil dies zu einer besseren Sicht auf das Backsteinwerk führte und ein paar Parkplätze hergab. Die Brachflächen vor der Pierogarnia Młyn, ebenfalls in der Świętego Ducha, sind ein weiteres Beispiel, genauso wie die sonderbaren baumbestandenen Freiflächen in der Tokarska. Noch auffälliger ist dies in der Stagarniarska, wo die Blockrandbebauung nicht abgeschlossen wurde und die Seite zur Straße hin unbebaut blieb. So blickt man auf freie Flächen zwischen den Häuserzeilen, die zu wenig mehr gut sind, als dort Autos zu parken. Danzigs alte Innenstadt muss man sich vor dem Krieg also als wesentlich kompakter und enger vorstellen und vor allem ohne Parkplätze!

Adresse Świętego Ducha, 80-834 Gdańsk | ÖPNV Bus 100, Haltestelle Targ Chlebowy 01 oder 9 Minuten zu Fuß von der Bus- und Tramhaltestelle Hucisko | Tipp Die Kozia-Gasse führt von der Szeroka abgehend zwischen den Häuserkarrees hindurch, sodass man Einblicke in die unbebauten Höfe gewinnt und die Hinterseiten der Häuser in Augenschein nehmen kann.

88 Die Synagoge

Flucht und Vertreibung

Die Synagoge steht nicht mehr, stattdessen aber eine Miniatur-Replik aus Bronze vor dem Neubau des Shakespeare-Theaters, das ihren Platz eingenommen hat. Die jüdische Gemeinde Danzigs gerät oftmals in Vergessenheit. Nur noch wenige Spuren deuten auf sie hin, obwohl viele Danziger Juden vor den Nazis nach Amerika fliehen konnten. Letzteres hängt unmittelbar mit der Synagoge beziehungsweise mit deren Schatz zusammen.

Die Große Synagoge Danzig wurde zwischen 1885 und 1887 an der Reitbahnstraße erbaut, also am Rande der Rechtstadt. Die Eröffnung wurde als Einigung der Danziger jüdischen Gemeinden feierlich begangen, Bürgermeister und Stadtrat waren anwesend. Die Synagoge war nicht nur prachtvoll im maurischen Stil für etwa 2.000 Betende errichtet, sondern sogar mit einer Heizung ausgestattet worden.

Mit der Machtergreifung der Nationalsozialisten aber änderte sich die Stimmung, und die liberalen Gesetze Danzigs konnten die jüdische Bevölkerung nicht lange schützen. »Komm, lieber Mai, und mache vom Juden uns jetzt frei«, stand 1939 auf einem Spruchband vor der abgesperrten Synagoge zu lesen. Ab dem 2. Mai wurde das Gebäude von der Stadtverwaltung abgerissen.

Kultgegenstände und vor allem der Synagogenschatz waren zuvor in Sicherheit gebracht worden – zwei Anschläge der Nazis auf die Synagoge hatten diesen Schritt nahegelegt. Die jüdische Gemeinde besaß eine umfassende Sammlung jüdischer Kunst und Handwerksgegenstände, die ihr vom jüdischen Kaufmann und Sammler Lesser Gieldzinski überlassen worden war. Mit Hilfe des amerikanisch-jüdischen Hilfskomitees konnte die Sammlung aufgelöst, außer Landes gebracht und veräußert werden. Die Geldmittel wurden eingesetzt, um jüdischen Familien in Danzig die Überfahrt nach Amerika zu finanzieren. Zahlreiche Sammlungsgegenstände der Danziger Gemeinde sind heute im Jewish Museum von New York ausgestellt.

Adresse Wojciecha Bogusławskiego 1, 80-818 Gdańsk | ÖPNV Tram 8, 9, Haltestelle Okopowa | Tipp Die offene Balustrade des Shakespeare-Theaters (Teatr Szekspirowski) ist auch dann zugänglich, wenn der Saal eigentlich geschlossen ist und gerade keine Vorstellung stattfindet.

89_Das Tiefenthal

Im Land der Kaschuben

Die meisten Besucher Danzigs wollen die Hansestadt, die Werft und das Meer sehen. Das unmittelbare Hinterland, die Dolinenlandschaft der kaschubischen Hügel, die Spazierwege und Wanderpfade haben die wenigsten auf dem Schirm, es sei denn, sie haben Grass gelesen, der in »Der Butt« beschreibt: »Der Olivaer Wald war ein Buchenwald, der in den Wald um Goldkrug und die landeinwärts gehügelten Wälder der Kaschubei überging.« Die Vergangenheitsform müsste hier gar nicht sein, denn hinter Oliwa in Richtung der Hügel ist vieles beim Alten geblieben.

Dolina Głęboka heißt das Waldgebiet jenseits von Oliwa, das als Tiefenthal zur Danziger Höhe gehörte und mehrheitlich kaschubisch war, also die Sprache von Grass' Großmutter pflegte. Die Kaschuben waren ein slawischer Volksstamm mit eigener Sprache und Kultur, der hauptsächlich in Nordpolen rund um Danzig sowie in den Dörfern der Dolinenlandschaft und der Danziger Höhe ansässig war. Heute ist deren Kultur weitgehend verloren gegangen. Es existieren zwar noch einige Menschen, die sich als Kaschuben bezeichnen und die kaschubische Sprache sprechen, aber die meisten leben in polnischen Städten und sprechen inzwischen Polnisch als Erstsprache. Es gibt jedoch inzwischen Bemühungen, die kaschubische Sprache und Kultur zu bewahren und wieder zu fördern.

Über den Schwabenweg (Droga Schwabego) wandert man durch dichte Buchenwälder zur Helenenhöhe (Góra Ilony) und auf der anderen Seite zur Straße Kwietna hinunter. Das sonderbare schlossartige Gebäude am Straßenrand wird Pałacyk Mormonów genannt, hat aber mit den Mormonen gar nichts gemeinsam – außer vielleicht deren strenge Erziehungsmethoden. Es wurde im 19. Jahrhundert ursprünglich als Mädchenpensionat errichtet, dient heute aber als Wohnhaus und ist nicht gut in Schuss. Zuvor stand an derselben Stelle eine von den Oliwaer Zisterziensern betriebene Mühle.

Adresse Pałacyk Mormonów, Kwietna 23, 80-330 Gdańsk | ÖPNV Bus 117, 169, 171, 179, Haltestelle Cystersów | Tipp Mitten im Waldland, aber über die Bytowska-Straße leicht erreichbar, liegt das Fischrestaurant Rybakówka Dolina Radości.

90 Das Tor Nummer zwei

Das Mahnmal der Solidarität

Der Forderungskatalog der Solidarność hängt heute noch über dem zentralen Werfteingang Nummer zwei, der sich bis heute kaum verändert hat, wenn man vom Wirken des Zahns der Zeit einmal absieht. Auf Sperrholz sind die 21 Punkte angeschrieben, obwohl eine Stele neben dem Tor diese zusätzlich in Bronze auflistet: Streikrecht, Gründung von freien Gewerkschaften, Freilassung politischer Gefangener …

Kein Ort ist von größerer Bedeutung für die polnische Demokratiebewegung, für die Wende in ganz Osteuropa und das Ende des Kalten Krieges. Das Danziger Werftgelände ist die Geburtsstätte der modernen polnischen Demokratie und der Bürgerbewegung Solidarność. Was im Sommer 1980 als Reaktion auf die Entlassung einer Kranführerin namens Anna Walentynowicz begann, weitete sich zu den größten antikommunistischen Massendemonstrationen aus, die Polen und der gesamte Kontinent je gesehen hatten. In Polen und an der Lenin-Werft begann ein Prozess, der neun Jahre später in Berlin zum Fall der Mauer führte.

Bereits einen Tag nach Streikbeginn wird Anna Walentynowicz wieder eingestellt, aber die Lawine ist schon losgetreten. 750 Betriebe in ganz Polen schließen sich dem Werftarbeiterstreik an, die Regierung muss schließlich verhandeln und auf die Forderungen eingehen. Die Gewerkschaft Solidarność wird gegründet und erlangt bis zum Ende des Jahres zehn Millionen Mitglieder.

Der Werfteingang ist heute auch deswegen so ikonisch, weil sich die streikenden Arbeiter damals im Werksgelände einschlossen. So konnten blutige Zusammenstöße wie 1970 vermieden und gleichzeitig die Arbeit in der gesamten Werft niedergelegt werden, ohne dass es das Risiko von Streikbrechern gab. Zum Anführer des Streikkomitees wurde ein gewisser Lech Wałęsa gewählt, ein ausgebildeter Elektriker, der mit 24 Jahren auf der Werft angefangen hatte. Wałęsa wurde 1990 zum polnischen Staatspräsidenten gewählt.

Adresse Stocznia Gdańska, Doki 1, 80-863 Gdańsk | ÖPNV Tram 3, 7, 8, 10, Haltestelle Plac Solidarności | Tipp Ein Päuschen ist im Restaurant Amber Side möglich. Es liegt direkt im Europäischen Zentrum der Solidarität hinter dem Werfttor und ist über den Seiteneingang zugänglich.

91 Das Turmuhrenmuseum

Vorfahrt beachten!

Offiziell handelt es sich beim Museum Nauki um den wissenschaftlichen Zweig des Stadtmuseums, der separat im Turm der Katharinenkirche untergebracht ist. Der Ableger wird auch »Turmuhrenmuseum« genannt, denn seine Dauerausstellung dreht sich um Zeitmessung. Mechanische Kirchen-Uhrwerke und Glockenspiele stehen im Mittelpunkt. Uhrzeit und Zeitmessung scheinen eine Obsession der Danziger zu sein, seit Beginn der Neuzeit standen diese Begriffe für Fortschritt und wirtschaftlichen Erfolg. Die allgemeingültige Einteilung von Zeit hing schon immer eng mit Produktivität zusammen und war eine wesentliche Voraussetzung der Industrialisierung.

Teils gehen die Ausstellungsstücke auf das ausgehende Mittelalter zurück, teils auf die beginnende Neuzeit, manche stammen aus dem Zweiten Weltkrieg. Die Neutronenuhr im Dachgeschoss von 2011 ist die neueste Erwerbung und weltweit einzigartig. Zur Zeitmessung werden hier die Impulse von fernen Neutronensternen genutzt. Deren Magnetfeld strahlt im Radiofrequenzbereich – wie ein Leuchtturm taktet der Stern die Zeitmessung, genauer und verlässlicher als jede andere Uhr. Die Fehlerquote liegt im Bereich von zwei bis acht Millisekunden.

Das Glockenspiel der Katharinenkirche besteht aus sage und schreibe 50 Glocken und Schellen. Zwar wurde es im Jahr 1575 entwickelt, doch musste es im Lauf der Zeit mehrfach erneuert werden – zum Beispiel, nachdem es 1905 während eines Großbrands zerstört worden war. Wie Tränen habe das geschmolzene Metall damals heruntergeregnet, heißt es. Das Nachfolgemodell wurde 1942 eingeschmolzen, um Metall für die Waffenherstellung zu gewinnen. In den vergangenen Jahrzehnten wurde es nach und nach ersetzt.

Präzise wie ein Uhrwerk funktioniert auch der Einlass zum Museum. Die mittelalterliche Gewölbestiege hinauf in den ersten Stock ist so eng, dass selbst der Publikumsverkehr streng getaktet wird: durch eine Ampel.

Adresse Museum Nauki, Profesorska 3, 80-849 Gdańsk | **ÖPNV** 7 Minuten zu Fuß von der Bus- und Tramhaltestelle Hucisko | **Öffnungszeiten** Mai–Sept. täglich 10–18 Uhr | **Tipp** Schräg gegenüber findet man das berühmte Bernsteinmuseum. Es ist im ehemaligen Gefängnis beziehungsweise der Großen Mühle beheimatet, der Besuch lässt sich also gut mit dem im Museum Nauki kombinieren.

92_Das Wandbild

Von der Vielfalt und vom Bierfluss

Der Fluss von Bier ist in der Danziger Geschichte ebenso bedeutend wie jener der Mottlau. Ein regelrechter Kassenschlager war im 15. Jahrhundert das sogenannte »Schiffsbier« (eine Art frühes Exportbier), das vor allem über das berühmte Krantor verladen und verschifft wurde. Auf etwa eine Viertelmillion Fässer soll sich damals die Gesamtproduktion belaufen haben. Dunkles Bier aus Danzig galt als besonders stark, war aber vergleichsweise teuer.

Der Astronom und Baumeister Johannes Hevelius braute und handelte mit dickflüssigem »Jopenbier«, dessen Öligkeit als Qualitätsmerkmal galt. Exportiert wurde es bis nach England; das berühmte Getränk wurde in kleinen Dosen auch als Medikament verabreicht. Für den Danziger Alltag reichte das dünne Tafelbier aus, welches für die Arbeiterschaft gut genug war. Nach dem Einmarsch der französischen Truppen wandte sich das Bürgertum dem Genuss von Höherprozentigem zu, der Danziger Bierstrom wurde zum Rinnsal.

Erst mit den modernen Möglichkeiten und der Industrialisierung nahm das Danziger Brauwesen wieder Fahrt auf. Ein Wandbild bezeugt dies. Jopenquell, Artusbräu und Hansa-Pils – die Embleme bekannter Danziger Brauereien der Jahrhundertwende findet man akribisch reproduziert auf einer Brandmauer in der Szeroka/Ecke Tandeta. Keine dieser Marken hat jedoch den Zweiten Weltkrieg überlebt, bis zur Jahrtausendwende war in Danzig in Sachen Bierproduktion erneut nicht mehr viel los – sieht man einmal von der Langfurter Hevelius-Brauerei und deren Marken »Artus«, »Hevelius« und »Kaper« ab. Dann aber begannen die kleinen Brauereien wie Pilze aus dem Boden zu schießen, und selbst das Jopenbier erstand wieder auf. Johannes Herberg von der Mikrobrauerei Browar PG4 nimmt sich seit 2019 seiner Herstellung an. Inzwischen ist auch der Craftbier-Trend in Danzig angekommen und zeigt sich in der Vielfalt der überall ausgeschenkten Biersorten.

Adresse Szeroka 86/5, 80-835 Gdańsk | **ÖPNV** Bus 100, Haltestelle Żuraw | **Tipp** Das Lawendowa 8, ein nach der eigenen Adresse benanntes Lokal, schenkt rekordverdächtige 14 Biere vom Fass aus, dazu mindestens noch einmal so viele in der Flasche.

93__Die Wandgemälde von Zaspa

Murals, Street-Art und Graffiti

Auf den endlosen flachen Wiesen vor den Toren Danzigs lagen zu Zeiten Kaiser Wilhelms II. die großen Exerzier- und Schießplätze – unweit des Dorfes Saspe und Danzigs erstem Flughafen. Heute gibt es weder das Dorf noch den Flughafen. 1973 wurde am Rand des Flughafengeländes der Grundstein für den Bau einer riesigen Wohnsilo-Siedlung gelegt, den heutigen Stadtteil Zaspa. Abgeschlossen wurden die Bautätigkeiten erst Mitte der 1980er Jahre, als das Flugfeld in einen Park umgewandelt wurde.

Berühmtester Bewohner einer der Blocks war der Elektriker Lech Wałęsa, der von hier aus zur Arbeit in die Werft pendelte. Inzwischen wurde dessen Porträt überlebensgroß und verpixelt auf einer der blinden Hauswände angebracht, als eines von Dutzenden Wandgemälden.

Seit 1997 und dem 1.000-jährigen Jubiläum der Stadt sind die Wohnriegel der Siedlung schrittweise zu einer Art Freilichtmuseum umgewandelt und zahllose Wandgemälde geschaffen worden: abstrakt oder figurativ, bunt oder monochrom. Die Rede ist nicht von spontanen Graffitis, sondern von akribisch geplanten, haushohen Murals. Die Siedlung wurde recht kompakt erbaut, sodass man von der S-Bahn-Linie aus nur einige wenige Murals einsieht. Um den Rest zu erkunden, muss man sich schon auf Entdeckungstour begeben und einmal durch das Viertel spazieren. Piotr Szwabe, Jahrgang 1975, ist der Initiator des Projekts und einer der Hauptakteure. Nicht nur Lech Wałęsas Abbild stammt von ihm, und auf Zaspa lässt er sich auch nicht beschränken. Unlängst hat er zusammen mit seiner Frau Magdalena die zuvor grausam nackten Betonwände an der S-Bahn-Station Stocznia verschönert: mit Szenen und Slogans vom August 1980, dem großen Werftstreik und Beginn der Solidarność-Bewegung. Szwabes Engagement ist es zu verdanken, dass Street-Art in Danzig inzwischen bewusst eingesetzt wird, um urbane Grausamkeiten lebenswerter zu gestalten.

Adresse Tablica informacyjna – Murale Gdańsk Zaspa, Pilotów 18a, 80-460 Gdańsk | ÖPNV S-Bahn, Haltestelle Gdańsk Zaspa | Tipp Auch zwei S-Bahn-Stationen vorher lohnt es sich auszusteigen: Die Betonwüste des Verkehrsknotens nördlich der Polytechnika wurde ebenfalls mit Skulpturen und Street-Art transformiert.

94 Das Wappen

Furchtlos und besonnen wie ein Löwe

Vom Deutschen Orden über preußische und polnische Könige bis hin zu einem französischen Herzog: Danzig hat über die Jahrhunderte einige Herren kommen und gehen sehen. Vielleicht ist es kein Zufall, dass ausgerechnet das Wappen seit über 500 Jahren Bestand hat: Zwei stattliche Löwen halten seit dem frühen 15. Jahrhundert das eigentliche Wappenschild, darunter der Wahlspruch der Bürgerschaft »Nec temere, nec timide« – »Weder unbesonnen noch furchtsam«.

Der polnische König hatte der Freien Stadt Danzig gestattet, sowohl die Krone im Wappen zu tragen als auch rotes Siegelwachs zu benutzen. Fortan wurden die beiden silbernen oder weißen Kreuze, welche auf den Deutschen Orden zurückgehen, auf rotem Grund angebracht und flugs zwei königliche Löwen beigefügt. Dreidimensional ausgestaltet, findet sich das Wappen am Großen Zeughaus – und zwar über gleich zwei Portalen mit insgesamt vier verschiedenen Löwen.

Die gesamte Fassade ist dermaßen opulent ausgestattet, dass sich heute schwer auf den einstigen Zweck schließt lässt. Hier wurde 1609 kein Palast bezogen, sondern das stadteigene Waffenarsenal untergebracht. Einen Hinweis darauf erlaubte sich der niederländische Baumeister – flämischen Manierismus nennt man den Stil – auf den beiden Giebeln: Die Steinkugeln mit den Metallkränzen stellen explodierende Kanonenkugeln dar.

Jetzt fragt man sich natürlich, warum ausgerechnet ein Niederländer das Waffenarsenal von Danzig baute. Wie so oft ging es ums Geschäft: Um 1600 waren die Niederländer die wichtigsten Handelspartner der Hansestadt, brachten Salz und Pfeffer und fuhren Getreide und Holz aus. Die Hälfte aller in Danzig anlegenden Koggen sollen damals aus den Niederlanden gekommen sein. Und nicht wenige Niederländer ließen sich dauerhaft in Danzig nieder, so zum Beispiel der städtische Baumeister Dirk Daniels oder der Glockengießer Johannes Moer.

Adresse Großes Zeughaus (Wielka Zbrojownia), Kołodziejska 2, 80-836 Gdańsk | ÖPNV 5 Minuten zu Fuß vom Hohen Tor und der Bus- und Tramhaltestelle Brama Wyżynna | Tipp Am berühmten Neptunbrunnen um die Ecke am Langen Markt sind es Löwenköpfe, die das Wasser speien. Direkt dahinter wird der Artussaal von Löwenskultpuren bewacht, die sich auf das Stadtwappen stützen.

95 Das Weltkriegsmuseum

Stachel im Fleisch der Stadt

In Danzig steht das jüngste, teuerste und umstrittenste Museum Polens: 2017 eröffnete das »Museum des Zweiten Weltkriegs« nach einem ganzen Jahrzehnt innerpolnischer Debatten. Hauptsächlich ging es schon in der Planungsphase um den Vorwurf, das Museum übe »Verrat« an der polnischen Opferperspektive, indem es diese in Beziehung zu den zivilen Kriegserfahrungen der Nachbarstaaten setzt und auch die Vertreibung der deutschen Bevölkerung thematisiert. Die Ausrichtung des Museums sei zu international und zu wenig patriotisch, hieß es aus den Kreisen der rechtsnationalen PiS-Partei, welche 2015 an die Macht kam.

Zudem ließen sich der Museumsdirektor Pawel Machcewicz und die Ausstellungsmacher nicht davon abbringen, polnische Täterschaft zu dokumentieren – das Massaker an der jüdischen Bevölkerung von Jedwabne beispielsweise, das unter deutscher Billigung von Polen verübt wurde. Für die Regierungspartei PiS stellte dies den Versuch dar, die Polen zu spalten, Machcewicz wurde samt seiner Mitarbeiter sofort nach der Museumseröffnung abberufen.

Es ist also kein Zufall, dass der Museumsbau anmutet, als hätte jemand einen Keil in den Boden getrieben. Das Gebäude ist ein weithin sichtbarer Störfaktor, ein Stachel im Fleisch nationalistischen Geschichtsverständnisses und der Schwarz-Weiß-Malerei. Seit ihrer Einsetzung nimmt die neue Direktion konsequent Änderungen an der Dauerausstellung vor, mit dem erklärten Ziel, Polen ausschließlich als eine Nation von Opfern und Helden darzustellen. Die Neuerungen grenzen stellenweise ans Absurde: So soll die Opferstatistik nicht mehr in absoluten Zahlen gezeigt werden – die Sowjetunion und Deutschland haben die meisten Menschen verloren –, sondern in relativen, denn dann läge Polen vorn. Machcewicz wehrt sich indessen gerichtlich gegen die Eingriffe in sein kuratorisches Konzept, die Diskussion wird noch weitergehen.

Adresse Muzeum II Wojny Światowej, plac Władysława Bartoszewskiego 1, 80-862 Gdańsk | **ÖPNV** Bus 106, 130, 166, Haltestelle Muzeum II Wojny Światowej | **Öffnungszeiten** Di 10–16 Uhr, Mi–So 10–18 Uhr | **Tipp** Direkt am Uferweg, unmittelbar südlich des Museumsquerriegels, befindet sich ein nur von außen zugänglicher kleiner Luftschutzbunker.

96 Die Westerplatte

Seebad, Garnison, Denkmal

Wo heute die Westerplatte den Häfen vorgelagert liegt, befand sich einst wenig mehr als eine Sandbank. Erst durch den Aushub der Hafenkanäle wurde diese zur Insel, die später eine Einheit mit dem Festland bildete. Fast vergessen ist, dass dort ab 1830 ein Seebad entstand. Der Küstenwald wurde zum Kurpark umgeformt, eine Mole wurde erbaut, ein Kurhaus und eine Heilanstalt entstanden.

Militärische Bedeutung gewann die Westerplatte erst nach dem Ersten Weltkrieg. Da Danzig aufgrund der Versailler Verträge zur Freien Stadt wurde, brauchte die polnische Armee einen Ort, an dem sie Sprengstoff und Kriegsgerät löschen und lagern konnte. Erst 1924 wurde ihr vom Völkerbund dafür die Westerplatte zugestanden. Ein Hafenbecken wurde an der Stelle des Seebads ausgehoben, und die Halbinsel war hinfort nicht mehr öffentlich zugänglich.

Zu diesem Zeitpunkt kamen auch die schweren Waffen auf die Halbinsel, mit denen die polnischen Verteidiger der Westerplatte das Feuer der deutschen Maschinengewehre aus dem Leuchtturm von Nowy Port erwiderten. Die Feldgeschütze waren zerlegt, für den Fall der Fälle eingelagert und erst im August 1939 wieder zusammengesetzt worden. Dies und der heimliche Ausbau des Munitionsdepots zu einer festungsähnlichen Anlage ab 1933 trugen dazu bei, dass die polnische Armee die Westerplatte eine ganze Woche lang erfolgreich verteidigen konnte. Bei Danzig wurde noch gekämpft, als die deutschen Truppen schon vor Warschau standen. Deshalb galten die polnischen Verteidiger als Helden, und ihrem Widerstand wurde schon 1966 ein monumentales Denkmal an Ort und Stelle gesetzt.

Einen Überblick über die strategische Lage der Westerplatte zwischen Bucht und Hafeneinfahrt gewinnt man am besten von der gegenüberliegenden Seite, von Nowy Port, aus. Der Kai ist zugänglich, man blickt über die Fahrrinne samt Fährverkehr bis hinüber zum Kriegerdenkmal.

Adresse Przemysłowa, 80-542 Gdańsk | ÖPNV Tram 3, 5, Haltestelle Latarnia Morska; alternativ mit der Wasserstraßenbahn (Tramway wodny) ab Danzig-Zentrum zum Kai von Nowy Port | Öffnungszeiten rund um die Uhr zugänglich | Tipp Ein Findling erinnert am Ufer an den Lotsenkommandanten Tadeusz Ziolkowski, der 1940 in Stutthof ermordet wurde.

97 Der Żabka

Der Kiosk an buchstäblich jeder Ecke

Gut, die grünen Schilder von Żabka sind kein Danziger Phänomen, sondern haben sich in den letzten Jahren in ganz Polen breitgemacht. Nicht selten befinden sich die Läden in Sichtweite voneinander, und man fragt sich, wie rentabel das überhaupt sein kann. Davon abgesehen sterben andere kioskartige Läden bald weg oder gehen ein, sobald in der Nähe ein weiterer Żabka öffnet.

Das Sortiment ist relativ teuer und beinhaltet so ausgefallene Hipster-Artikel wie Kombucha oder Craftbier. Das scheint umso absurder, wenn eine Żabka-Filiale in einer Sozialbauten-Wüste der 1970er Jahre wie Przymorze liegt. Zumal wenn es ansonsten an Nahversorgung mangelt. Das Phänomen kann wie folgt erklärt werden: Die Franchise-Nehmer haben keinen Spielraum. Ihnen wird das Sortiment ebenso vorgeschrieben wie die Kaffeemaschine und die offerierten warmen Snacks. Je nach Größe beziehungsweise Grundfläche des Ladens muss dieses Angebot beispielsweise um Getränke- oder Bierkästen erweitert werden, ganz egal, ob dies sinnvoll ist oder nicht.

Der Żabka mitten in Przymorze ist allein auf weiter Flur, die meistverkauften Artikel sind Alkohol und Tabakwaren. Für alles andere fährt man zur deutschen Konkurrenz, die sich an den Siedlungsrändern ausgebreitet hat: Man kauft bei Lidl. Wenn aber alles andere zu hat – nachts oder an Sonn- und Feiertagen –, dann schlägt die Stunde der Żabka-Läden. Als Einzige dürfen sie weiter geöffnet haben, als Einzige verkaufen sie weiterhin Brot und Bier.

Großer Anteilseigner von Żabka ist übrigens nicht nur die Supermarktkette, die das Sortiment liefert, sondern auch die katholische Kirche. Bleibt zu hoffen, dass es sich bei den Żabkas nur um eine weitere Woge phantasielosen Investments handelt, die über Polen früher oder später ebenso hinwegrollen und wieder vergehen wird wie all die Strip-Bars an den Ringstraßen der 1990er Jahre.

Adresse Aleja Rzeczypospolitej 3, 80-369 Gdańsk | ÖPNV Tram 2, 4, 8, 12, Haltestelle Zaspa, von dort 5 Minuten zu Fuß | Öffnungszeiten Mo–Sa 6–23 Uhr, So 6–22 Uhr | Tipp An der Straße Opolska befinden sich drei »Falowiec« – wellenförmige Plattenbauten aus den frühen 1970er Jahren.

98__Das Zamczysko-Viertel

Keine Burg mehr, nirgends

Sagen wir es mal so: Die Danziger müssen ganze Arbeit geleistet haben, als es 1454 an den Rausschmiss der Deutschordensritter ging. Außer ein paar Mauerresten ist davon nichts mehr zu sehen, obwohl die Kreuzritter bis dahin in Danzig eine der größten Burgen ihres Staates unterhalten hatten. Die Danziger nennen diesen Teil der Altstadt heute noch »Zamczysko« – also Burg beziehungsweise Schloss.

Lediglich Fragmente der äußeren Befestigungsmauern sind erhalten, sie sind von der Ulica Wartka direkt einzusehen. Dahinter muss der Burghof gelegen haben, dann erst kam der Mauerring der eigentlichen Festungsanlage: ein massives Viereck, das von vier mächtigen Türmen umgeben war. Der Deutsche Orden hatte den Danzigern den Bau höherer Gebäude untersagt. Vielleicht war dies der Grund, warum der Aufstand gegen die katholischen Herren 1454 unmittelbar zur systematischen Zerstörung der gesamten Anlage führte. Oder sollte durch das vollständige Verschwinden auch die Erinnerung an entbehrungsreiche Jahre getilgt werden?

Der Deutsche Orden war 1308 vom späteren polnischen König Ladislaus dem Kurzen nach Pommern gerufen worden. Er sollte gegen das Brandenburger Heer aushelfen, das Danzig belagerte. Die Kreuzritter taten, wie ihnen geheißen, besetzten die Stadt und behielten sie anschließend. Der Orden kaufte Ländereien von den unterlegenen Brandenburgern dazu und unterhielt hinfort einen eigenen Staat, der jedoch sowohl mit dem Königreich Polen als auch mit den Patrizierfamilien Danzigs in fortwährendem Streit lag. Gewissermaßen hatte sich der Deutsche Orden gegen das Gastland gewendet und gleich mehrere Regeln jener Zeit gebrochen – unter anderem jene, nicht gegen Christen und bereits christianisiertes Land vorzugehen. Zudem konkurrierten die Ritter mit dem prosperierenden Danzig um Güter und Handelswege. Es folgte der Rausschmiss, mit allen Konsequenzen.

Adresse Ulica Wartka (ab Hausnummer 5), 80-841 Gdańsk | ÖPNV Bus 100, Haltestelle Targ Rybny | Öffnungszeiten nur von außen zu besichtigen | Tipp Verweilen möglich: Direkt vor den alten Mauerresten stellt das Restaurant Zielone Drzwi im Sommer Tische und Stühle auf.

99_Die BeachBar 21

Hotspot am Strand

Gastronomie und Restaurationen muss man entlang der Danziger Bucht nie lange suchen. In Stadtnähe beziehungsweise nahe einer Tramhaltestelle kann man sich fast schon darauf verlassen, am jeweiligen Strandaufgang zumindest einen Kiosk oder eine Frittenbude zu finden. Die BeachBar 21 stellt so etwas wie einen Kontrapunkt zu den altehrwürdigen Fischrestaurants oder den lounge-artigen Strandpavillons dar. Will sagen: Hier geht es lockerer zu, es herrscht Partystimmung, zumal oftmals ein DJ aufspielt. Die BeachBar 21 ist die Anlaufstation der Jüngeren, der hippen Danziger, und wird oftmals in einem Atemzug mit dem 100cznia genannt – obwohl die Bar viel bescheidener ist und man tagsüber von Partys kaum etwas ahnt.

Nahe dem Strandaufgang Nummer 75, also noch in Jelitkowo und nicht schon in Sopot, geht es vergleichsweise ruhig zu; Sopots Trubel liegt fern. Das Menü ist mit Pizzen und Burgern konsequent am Geschmack des jüngeren Publikums ausgerichtet, der klassischen polnischen Küche wird eine Absage erteilt; mit Fisch hält man sich, von ein paar Gerichten abgesehen, nicht groß auf. Gleichwohl wird auf gute Zutaten geachtet und das Fastfood stets verfeinert. Für den großzügigen Einsatz von Plastikbechern hat man leider noch keine Alternative gefunden.

Die BeachBar 21 möchte keine Ausflugsbar sein, sie will den Einheimischen einen Aufenthaltsort bieten. Einen Ort, der so abwechslungsreich ist, dass man jeden Tag dorthin gehen und verweilen kann. Und das ist angesichts der zahllosen Imbisse sowie der mondäneren Restaurants Sopots durchaus ein Alleinstellungsmerkmal. Tagsüber lockt ein Beachvolleyballfeld, abends wird mitunter eine Kinoleinwand aufgestellt, die Gäste in den Liegestühlen lehnen sich zurück und genießen einen Hollywood-Streifen. Samstags steppt der Bär, jedenfalls bis Ende September. Dann werden die Nächte zu kühl, und die Bar begibt sich in den Winterschlaf.

Adresse Strandaufgang (Wejscie na plaze) Nummer 75 (Jelitkowo), 80-342 Sopot | ÖPNV Tram 2, 4, 6, 8, Haltestelle Jelitkowo 02 | Öffnungszeiten Mai–Ende Sept., vom Vormittag bis mindestens zum Sonnenuntergang, abends regelmäßig zusätzliche Veranstaltungen | Tipp Beliebtes Gegenstück zur BeachBar 21 im Ortszentrum von Sopot ist die Fidelbar, benannt nach dem kubanischen »Máximo Lider« – in Anspielung auf die große Rum-Auswahl.

100 Die Fischerboote

Wo der frische Fisch anlandet

Kaum etwas erinnert noch an Sopots Vergangenheit als verschlafenes Fischerdorf. Keine Kutter legen an der Mole an, kein Fischmarkt beherrscht das Zentrum. Fisch und Fischkutter landen stattdessen etwas weiter südlich an, wobei der Tidenhub genutzt wird oder die kleinen Kutter mittels Winden notfalls auf den Strand gezogen werden. Geankert wird direkt vor der Bar Prystan, die zugleich einer der Hauptabnehmer für die frische Ware ist. »Prystan« bedeutet Anker- oder Anladeplatz.

Böse Zungen nennen die Bar Prystan ein sehr einfaches Schnellrestaurant – trotz der Größe, der Terrassenvorbauten und des mondänen Standorts direkt am Sandstrand. Das ist nicht falsch, greift aber zu kurz. Man muss wissen, dass viele polnischen Familien einem einfachen, schnellen und überdies günstigen Essen keineswegs abgeneigt sind. Traditionell wird mittags eher eine Art Kantine aufgesucht als ein gehobenes Restaurant. Die Bar Prystan trägt dem Rechnung und ist daher außerordentlich beliebt. Gleichzeitig nutzt sie, was sie am schnellsten und günstigsten an Waren bekommen kann: frischen Fisch. Sie ist so beliebt, dass sich während der Hochsaison mittags lange Schlangen bilden.

Das lang gestreckte Gebäude wirkt, als wäre es schon immer da gewesen. Dabei hat alles erst 1992 mit einem kleinen Imbiss in der Nähe der Fischkutter begonnen, der schrittweise ausgebaut wurde, bis er seine heutige Größe erreichte hatte. Mögen es mittlerweile manchmal 200 Gäste gleichzeitig sein, im Herzen ist die Bar Prystan immer ein Fischimbiss geblieben.

Für Sopot hat das Restaurant jedenfalls so etwas wie Kultstatus erlangt, und fast jeder schickt einen erst einmal dorthin, sobald es um Fisch geht. Man muss aber ergänzen, dass sich sowohl der Fischladen als auch die Fish-&-Chips-Bar ein paar Meter weiter ebenfalls von den Kuttern beliefern lassen. Auch keine falschen Adressen!

Adresse Aleja Wojska Polskiego 11, 81-769 Sopot, www.barprzystan.pl | ÖPNV Bus 143, Haltestelle Polna 02 | Öffnungszeiten täglich 11–23 Uhr; angeschlossenes Café schon ab 9.30 Uhr | Tipp Wer zu Hause kochen möchte, bedient sich im Fischladen »Ryby Prosto Z Kutra«, der nur zwei Eingänge weiter liegt.

101_Das Grand Hotel Sopot

Glücksspiel im Neobarockbau

Bald 100 Jahre währt die Geschichte des Grand Hotel Sopot, das nach mehrjähriger Bauzeit 1927 als »Kasino Hotel« fertiggestellt wurde – unmittelbar am Meeressaum und unmittelbar im Zentrum Sopots. Nicht wenige behaupten gar, das Hotel sei das eigentliche Zentrum, halb Sopot sei um es herum entstanden. Dies mag für einige der Villen und kleineren Hotels zutreffen, jedoch nicht für den Kurbetrieb in Sopot an sich.

Schon 1823 eröffnete das erste Strandbad samt angeschlossenem Sanatorium, und bald darauf wandelte sich das Fischerdorf Schritt für Schritt zu einem mondänen Seebad mit Kur- und schließlich auch Casino-Betrieb im neobarocken Hotel. Schnell wurde das Kasino Hotel zur ersten Adresse in der Danziger Bucht. Auf der Gästeliste standen Namen wie Marlene Dietrich, Greta Garbo oder Josephine Baker, nach dem Krieg folgten Fidel Castro, Charles de Gaulle oder Henry Kissinger, später kamen Shakira und Annie Lennox dazu.

Im September 1939, also gleich nach Kriegsausbruch, bezog Adolf Hitler samt Entourage das Hotel, um von dort aus die Westerplatte und das Operationsgebiet bei Gdingen und Dirschau zu inspizieren. Später wurde es zum Kriegslazarett umfunktioniert, um nach dem Krieg als »Grand Hotel« wiedereröffnet und von einer polnischen Reederei betrieben zu werden. Glücksspiel war zu Zeiten des Sozialismus zwar untersagt, aber es heißt, unter der Hand habe es hier schon lange vor der Wende einen entsprechenden Casino-Betrieb gegeben.

1990 wurde das Hotelcasino als drittes Polens nach denen in Krakau und Warschau legalisiert. Der Kapitalismus hielt Einzug und brachte im Anschluss an eine umfassende Sanierung des gesamten Gebäudekomplexes auch neue, zahlungskräftige Gäste mit. Um in den Genuss der luxuriösen Atmosphäre zu kommen, muss man sich allerdings gar nicht einmieten, es genügt ein Platz im Restaurant oder an der Bar.

Adresse Powstańców Warszawy 10, 81-718 Sopot | **ÖPNV** S-Bahn, Haltestelle Bahnhof Sopot | **Öffnungszeiten** »Le Bar« im Grand Hotel: 11–23 Uhr | **Tipp** Gleich um die Ecke hat man von der Mole Sopot aus einen hervorragenden Blick auf das Gesamtgefüge des Hotels und seiner Flügel.

102 Das Kinski-Haus

Born to be wild

Ein gewisser Klaus Günter Karl Nakszynski wurde 1926 in Sopot geboren. Später wurde er unter dem Namen Klaus Kinski zum wohl berühmtesten Sohn der Stadt. Allerdings verließ die Familie Nakszynski Sopot schon 1931 unter dem Eindruck der Wirtschaftskrise, Klaus Günter wuchs stattdessen in Berlin auf, im Stadtteil Schöneberg. Er wurde zu Kriegsbeginn eingezogen und geriet 1944 nach nur zwei Gefechtstagen in britische Gefangenschaft. Erst nach dem Krieg legte er seinen Geburtsnamen ab und machte als Klaus Kinski von München aus langsam, aber sicher Karriere.

Werner Herzog, der mit Kinski mehrere Filme drehte und seit Münchener Studentenzeiten als dessen »bester Feind« gilt, hält wenig von dessen Erzählungen über seine bitterarme Kindheit. Dass er stehlen habe müssen, um die Familie über Wasser zu halten, sei eine Dramatisierung, wie sie typisch für Kinski gewesen sei. In der Tat sieht das Sopoter Geburtshaus mit den beiden Giebeln nicht nach bitterer Armut aus, sondern nach kleinbürgerlicher Existenz. Kinskis Vater soll ein gescheiterter Opernsänger gewesen sein, der die Familie immerhin als Apotheker ernährte – mag sein, dass sich Kinski das mit dem Opernsänger ebenfalls ausgedacht hat.

Zeitweise gab es Bemühungen, im ersten Stock des Hauses eine Art Museum einzurichten, das jedoch mangels Zuspruch und Exponaten schnell wieder schließen musste. Auch die Kinski-Bar, dic in den 1990er Jahren im Erdgeschoss eröffnete und trotz zweifelhaften Rufs gut besucht gewesen sein soll, schloss 2013 wieder. Inzwischen residiert dort ein Einzelhändler, und auf Kinski verweist lediglich die kleine Gedenktafel von 1994 an der Hausecke, die man leicht übersieht: »Ohne Freiheit kann ich nicht leben«, wird Kinski dort zitiert, und dadurch wird klar, warum es erst nach der Wende möglich war, dem Schauspieler dieses kleine Denkmal zu setzen.

Adresse Tadeusza Kościuszki 10, 81-757 Sopot | ÖPNV S-Bahn, Haltestelle Bahnhof Sopot | Öffnungszeiten nur von außen zu besichtigen | Tipp Mit Kinski hat das Krzywy Domek nichts zu tun, außer dass das sogenannte »Krumme Haus« ähnlich schräg daherkommt. Und zwar nur zwei Querstraßen weiter, in der Bohaterów Monte Cassino 53.

103 Die Mole

Bretter, die die Welt bedeuten

Mehr als einen halben Kilometer erstreckt sich die Mole von Sopot in die Ostsee, sie ist damit die längste Holzmole Europas. Aber was heißt schon Mole? Es handelt sich hier nicht nur um eine Anlegestelle, sondern um *die* Flaniermeile Sopots schlechthin – ja das Wahrzeichen des Bade- und Kurortes.

1827 wurde in Sopot ein erster Steg errichtet, der lediglich 41 Meter weit ins Meer hinein ragte, was ja nicht wirklich der Rede wert ist. Dieser Steg wurde sodann schrittweise erweitert, bis er 1910 respektable 315 Meter lang war und sich zudem langsam von einer reinen Anlegestelle kleinerer Boote zum Veranstaltungsort und zur Amüsiermeile wandelte. Bis zum Jahr 1927 gewann die Mole ihre heutige Gestalt und wuchs auf die Rekordlänge von fast 512 Metern an.

Der weitläufige Kurplatz kommt noch dazu. Er schafft eine Verlängerung der Flaniermeile auf das Festland und bietet samt Grünflächen ausreichend Platz für größere Veranstaltungen und sommerliche Konzerte, ergänzt von Gastronomie drum herum und dem historischen Brunnen mittendrin. Auch wenn sich der Platz im Winter in eine Eislaufbahn verwandelt, bleibt die Mole natürlich offen, das Restaurant »Meridian Molo« direkt darauf wird ganzjährig betrieben. Die Aussicht auf das Meer ist schließlich zu jeder Jahreszeit spektakulär.

Eine Anlegestelle ist die Seebrücke trotz des Trubels noch immer, und zwar im Kopfteil. Dort wurde eine ganze Marina gewissermaßen angebaut, über 100 Jachten sollen insgesamt Platz haben. Und: Dort liegt auch das sehenswerte Piratensegelschiff vor Anker, welches während der Saison Touristen motorbetrieben die Bucht auf und ab schippert.

Übrigens gilt ein Spaziergang auf der Mole offiziell als äußerst gesund beziehungsweise wohltuend, insbesondere für Lunge und Atemwege. Der Jodgehalt in der Luft ist am Kopfende im Vergleich zum Festland doppelt so hoch!

Adresse Plac Zdrojowy 2, 81-723 Sopot | ÖPNV S-Bahn, Haltestelle Bahnhof Sopot, von dort 10 Minuten zu Fuß | Öffnungszeiten ganzjährig rund um die Uhr zugänglich | Tipp Von der Mole ist es nicht weit bis zum Steilufer der Orłowski-Klippe. Wer am Strand entlang dorthin spaziert, kommt über die S-Bahn Station Gdynia Orłowo wieder zurück.

104 Die Villen

Aus der Blütezeit eines Seebads

Mitte des 19. Jahrhunderts wurde der Aufenthalt am Meer zur Mode, und kleine Küstenorte entwickelten sich zu Ferienzielen. Sopot stellte einen Vorreiter dieser Entwicklung dar, denn der dortige Kurbetrieb wurde schon 1823 ins Leben gerufen. Ein elsässischer Arzt, der unter Napoleon nach Danzig gekommen und geblieben war, eröffnete ein erstes Sanatorium, das schon in der Anfangszeit 500 Kurgäste pro Jahr angezogen haben soll.

Sopot hatte damals gut 1.000 Einwohner und war dörflichen Charakters, was sich unter dem Eindruck von Zuzug und Bautätigkeit jedoch schnell änderte. Rasch galt Sopot als das »Rimini des Nordens«, ja als schönster Badeort der Welt, und zog die Reichen und Schönen in Scharen an, die wiederum maßgeblich das Ortszentrum prägten, indem sie zahllose Villen samt Vorgärten in Meeresnähe errichten ließen.

Ende der 1920er Jahre war die Bevölkerung Sopots bereits auf 30.000 Einwohner angewachsen und die Stadt um diverse Straßenzüge und Einrichtungen entlang der Küste erweitert worden. Inzwischen kamen etwa 15.000 Sommergäste pro Jahr, und insbesondere die Sportveranstaltungen der »Zoppoter Woche« füllten die Hotels. Neben Pferderennen auf der eigens erbauten Rennbahn wurden eine Segelregatta und ein Radrennen abgehalten, ergänzt von Schwimmwettbewerben und dem Treiben im Casino.

Die Hotels und Kureinrichtungen sowie die Gebäude der Jahrhundertwende und der 1920er Jahre prägen das Stadtbild bis auf den heutigen Tag. Das Besondere an den bürgerlichen Villen sind die hölzernen Vorbauten und die filigranen Konstruktionen im Bäderstil, nicht wenige sind heute zu Pensionen oder Hotels geworden.

Seit 1999 knüpft Sopot an diese Blütezeit an. Durch die Erschließung von Tiefenmineralwasser (Sole) und entsprechende Kureinrichtungen konnte der Kurbetrieb wiederaufgenommen werden, und Sopot erhielt den Status eines offiziellen Kurortes zurück.

Adresse rund um die Grunewaldzka, südlich der Mole und beim Strandaufgang Nummer 26, 81-754 Sopot | ÖPNV S-Bahn, Haltestelle Sopot, von dort 5 Minuten zu Fuß; Bus 122, Haltestelle Sopot Chopina | Tipp Das Sopoter Stadtmuseum ist in einer ehemaligen Unternehmervilla unweit der Grunewaldszka untergebracht und rekonstruiert das Leben um die Jahrhundertwende (Muzeum Sopotu, Księcia Józefa Poniatowskiego 8).

105 Das Esencja Smaku

Das Beste aus Bohnen

Schokolade und Süßes hat in der Dreistadt eine lange Tradition. Diese begann 1844 mit der Bonbonküche des Kaufmanns August Lindemann, der schnell expandierte und Schokolade in sein Programm aufnahm. Zwischen den Kriegen kam der Schokoladenfabrik Mix mit ihrem Stammhaus am Langen Markt 4–5 und zahlreichen Filialen eine Vormachtstellung zu, die Schokoladenfabrik Baltic aus Langfuhr schaffte es als »Baltyk« durch den Kommunismus in die kapitalistischen Zeiten hinüber. Ein Vorkriegsregister weist über 20 Adressen in Gdingen, Zoppot und Danzig aus, an denen Kakaobohnen verarbeitet wurden. Insofern stellt das Esencja Smaku in Gdynia ein fernes Echo jener Blütezeit dar, denn hier wird heute wieder von Hand produziert und mit besten Rohstoffen gearbeitet. Man bekommt Kakaosorten aus aller Welt in veredelter Form, also als Tafel oder als Praline.

Die Auswahl ist ansehnlich und durchaus experimentell: Die Schokolade wird mit Pfeffer oder getrockneten Rosenblüten verfeinert, die Pralinen sind mit getrockneten Himbeeren garniert oder mit Baileys gefüllt, das Drumherum entweder aus Milchschokolade, zart- oder gleich ganz bitter. Die Werkstatt und die Öfen befinden sich direkt neben dem Ladengeschäft und dem kleinen, übervollen Showroom. Und wer Glück hat, dem öffnet sich die Tür zur Werkstatt und zu einem Universum aus Schokoladenduft. Wozu noch probieren, wenn man doch im Aroma baden kann? Auf künstliche Farbstoffe, Füllstoffe und Chemie wird konsequent verzichtet, Fruchtaroma kommt ausschließlich in Form von gefriergetrockneten Früchten oder getrocknetem Saft zum Einsatz.

Als »Danziger Schokolade« bezeichnete man übrigens lange Zeit Geldgeschenke. Das geht auf Napoleon zurück, der 1807 – erfreut über wenig Verluste und eine erfolgreiche Belagerung Danzigs – seinem kommandierenden Marschall einen Karton Schokolade überreichte, der mit Geldscheinen gefüllt war.

Adresse Ulica 10 Lutego 18, 81-364 Gdynia, www.esencja-smaku.com | ÖPNV S-Bahn, Haltestelle Bahnhof Gdynia, von dort 10 Minuten zu Fuß | Öffnungszeiten Mo–Fr 10–18 Uhr, Sa 9–15 Uhr | Tipp Donnerstags und sonntags ist Escencia Smaku auch im »Bazar Natury« nahe der S-Bahnstation Wrzesczc vertreten (Cypriana Kamila Norwida 22).

106 Das Experyment

Wissenschaft zum Anfassen

Der imposante Glasbau des Wissenschaftszentrums Experyment ist das Kernstück des Pommerschen Wissenschafts- und Technologieparks südlich der Innenstadt von Gdynia. Der Name ist Programm: Insgesamt fünf unterschiedliche Abteilungen ermöglichen Jung und Alt, die unterschiedlichsten Experimente durchzuführen. Die Welt des Wassers, der menschliche Körper sowie dessen Innenleben und Gesundheit, die Botanik und unsichtbar wirkende Naturkräfte werden anschaulich gemacht. Alles ist unter demselben Dach untergebracht, wobei die Unterhaltungsmöglichkeiten schier unendlich sind; die Exponate sind fast alle darauf angelegt, benutzt zu werden. Die Ausstellung ist komplett interaktiv und daher insbesondere für Kinder und Jugendliche ein Heidenspaß. Erwachsene wiederum profitieren von den Erläuterungen, die durchgängig auch auf Englisch zu lesen sind.

Zweimal täglich besteht die Möglichkeit, an einer Führung teilzunehmen. Zudem flankieren diverse Workshops und Veranstaltungen das vielfältige Ausstellungsprogramm. Das »Experyment« ist auch deswegen Gdynias ganzer Stolz geworden, weil es dem ähnlich konzipierten Danziger Hevelianum mindestens ebenbürtig ist.

Gegründet wurde das Gdyniaer Wissenschaftszentrum schon 2007 mit Regionalfördermitteln. Es wird aber erst seit 2012 selbstständig bewirtschaftet und zog 2013 in den heutigen Glastempel ein, der extra zu diesem Zweck entworfen und erbaut wurde. Die Ausstellungsfläche wurde inzwischen versiebenfacht und das Zentrum um mehrere Experimentierlabore erweitert. Seit der Gründung wurden zudem zahlreiche Wechselausstellungen präsentiert und Bildungs- sowie Kulturangebote integriert. Man erhofft sich eine permanente Weiterentwicklung des Angebots und daher auch eine Neubeantwortung der Fragen, warum es das Zentrum gibt, wie es funktioniert und was es bietet. Evolution wie in der Natur selbst ist das Ziel.

Adresse Aleja Zwycięstwa 96/98, 81-451 Gdynia, www.experyment.gdynia.pl | ÖPNV S-Bahn, Haltestelle Gdynia Redłowo, von dort 5 Minuten zu Fuß | Öffnungszeiten Mo–Fr 9–18 Uhr, Sa, So 10–19 Uhr, Happy Hour Fr ab 15 Uhr | Tipp Direkt vom Wissenschaftszentrum kann man zur Felsformation Klif Redłowski hinauslaufen – mitten im weitläufigen Naturpark Kępa Redłowska.

107 Das Joseph-Conrad-Denkmal

Von Polen in alle Welt

Als polnischer Junge geboren, als französischer Matrose in See gestochen, war er schließlich 20 Jahre lang in englischen Diensten auf den Weltmeeren unterwegs, um anschließend als Schriftsteller Weltruhm zu erlangen. Den wenigsten ist bekannt, dass Joseph Conrad, der Autor von »Herz der Finsternis«, aus dem einstigen Polen stammte – genauer aus Berdychiv in der Nähe von Kiew, also der heutigen Ukraine.

Joseph Conrad, der als Józef Teodor Konrad Korzeniowski 1857 das Licht der Welt erblickte, verlebte seine Kindheit an verschiedenen Orten Polens, der Ukraine und des Russischen Zarenreichs, bevor er, erst 16-jährig, von Marseille aus eine Laufbahn als Seemann einschlug, um schließlich auf Englisch mit dem Schreiben zu beginnen. In Danzig, geschweige denn Gdynia war Conrad zeitlebens jedoch nie. Von wenigen kurzen Aufenthalten in Polen abgesehen, blieb er zunächst der Ferne und dann seiner Wahlheimat England verbunden, wo er 1924 auch verstarb. Kein Grund jedoch, ihm nicht auf der Südmole Gdynias ein monolithisches Denkmal zu setzen und den weltbekannten Schriftsteller gewissermaßen »heimzuholen« – immerhin mit den Schiffen und der See vor Augen, die Conrads Leben ausgemacht haben.

»Nic tak nie nęci, nie rozczarowuje i nie zniewala jak życie na morzu.« Nichts sei bezaubernder, enttäuschender und sklavenhafter zugleich als das Leben auf See. Diese Inschrift entstammt der Erzählung »Taifun« und musste freilich erst ins Polnische übersetzt werden. Wer sich von der monumentalen Formgebung an die Darstellung von Arbeiterhelden oder -führern erinnert fühlt, der irrt nicht. Das Denkmal wurde 1976, also zu kommunistischer Zeit, eingeweiht. Gleichwohl soll der runde Stein ein gewölbtes Segel darstellen, dem dann Conrads Büste entspringt. Die stählernen Masten dahinter wurden zeitgleich errichtet und ergänzen das Ensemble am Ende des Piers.

Adresse Südmole (Molo Południowe), al. Jana Pawła II, 81-001 Gdynia | **ÖPNV** S-Bahn, Haltestelle Bahnhof Gdynia, von dort 20 Minuten zu Fuß; Bus 25, 28, Haltestelle Sea Towers | **Tipp** Das Emigrationsmuseum Gdynia stellt die polnischen Auswanderungswellen umfassend und zeitgemäß dar. Es befindet sich an der Nordmole.

108__Die Museumsschiffe

Auf ewig vor Anker

Gleich zwei Museumsschiffe liegen an der Südmole Gdynias vor Anker, und zwar direkt nebeneinander: das Segelschulschiff Dar Pomorza und der Zerstörer ORP Błyskawica. Letzterer gilt als der besterhaltene Zerstörer aus dem Zweiten Weltkrieg überhaupt, was an zwei Zufällen liegt. Zum einen wurde er noch vor Ausbruch des Krieges nach England beordert, fiel also nicht in deutsche Hände und diente in der Folge in englischen Flottenverbänden. Zum anderen wurde das Schiff außer Dienst gestellt, nachdem ein Dampfkessel auf hoher See explodiert war und sieben Menschenleben gefordert hatte. Schon seit 1976 liegt die Błyskawica daher friedlich im Hafen von Gdynia und kann besichtigt werden.

Ähnlich die nicht minder beeindruckende, aber doch ganz anders anmutende Dar Pomorza – ein Dreimaster, der mit seiner Takelage und den weiß getünchten Aufbauten der deutschen Gorch Fock I durchaus ähnelt und auch vergleichbare Dimensionen aufweist. Mit seinen drei Masten und einer Länge von über 80 Metern ist er absolut beeindruckend. Die Dar Pomorza ist allerdings deutlich älter als die in Stralsund liegende Gorch Fock I. Sie lief bereits 1909 vom Stapel, wurde aber erst 1930 in Gdynia als Schulschiff in Dienst gestellt, nachdem sie bereits mehrfach den Besitzer gewechselt hatte und kurzzeitig sogar für die englische Marine vorgesehen gewesen war. Den Zweiten Weltkrieg überstand das Schiff im neutralen Stockholm, wohin man es es in weiser Voraussicht samt einem Teil der Besatzung überstellt hatte.

Im Anschluss an eine letzte Reise nach Finnland wurde die Dar Pomorza 1982 aufs Altenteil geschickt. Nach einer kurzen Renovierungsphase und einem Zwischenaufenthalt in Danzig gelangte sie in ihren Heimathafen zurück und wurde zum Museumsschiff. Die Offiziere der Handelsmarine werden seitdem auf einem Vollmaster aus der Lenin-Werft in Danzig ausgebildet, der Dar Młodzieży.

Adresse Südmole (Molo Południowe), al. Jana Pawła II 1, 81-345 Gdynia | ÖPNV S-Bahn, Haltestelle Bahnhof Gdynia, von dort 20 Minuten zu Fuß; Bus 25, 28, Haltestelle Sea Towers | Öffnungszeiten ORP Błyskawica: täglich 10–13 und 14–16 Uhr; Dar Pomorza: Di–Do 11–15 Uhr, Fr–So 11–16 Uhr | Tipp Schräg gegenüber, auf der anderen Seite der Mole, befindet sich eine Außenstelle der Maritimen Universität Gdynia: der Fachbereich Navigation.

109 Der S-Bahnhof

Perle des Bauhaus

Gdynia ist Polens jüngste Stadt, erst 1926 wurde ihr das Stadtrecht verliehen. Im Anschluss an den Ersten Weltkrieg war Danzig zum unabhängigen Stadtstaat geworden, was Polen vom Zugang zur Ostsee abschnitt. Durch die Pariser Friedenskonferenz wurde schließlich ein schmaler Korridor geschaffen, der das polnische Landesinnere doch noch mit der Ostsee verband. Es fehlte aber ein Hafen. Daher wurde in der Folge aus dem Fischerort Gdingen die Hafen- und Arbeiterstadt Gdynia, welche heute noch in mehrerlei Hinsicht das Gegenstück zu Danzig ist: Die gesamte Innenstadt wurde zusammen mit den Hafenanlagen am Reißbrett geplant und binnen eines Jahrzehnts nach modernen Maßstäben hochgezogen, wobei zunächst Hafen, Bahnstrecke und Bahnhof sowie die Post erbaut wurden. Die eigentliche Stadtbebauung folgte erst ab 1925. In Gdynia dominiert daher das, was man in Polen Modernismus und in Deutschland Bauhausstil nennt.

Modernismus bedeutet Nüchternheit und die Entsprechung von Form und Funktion. Gdynia ist ein Experimentierfeld für modernes Bauen. Die Hafenstadt »Bauhaus-Metropole« zu nennen, wie es viele Reiseführer tun, ist nur wenig übertrieben. Die Baudenkmäler liegen allerdings etwas verstreut. Wer jedoch vom Bahnhof aus die zentrale Straße 10 Lutego Richtung Mole schlendert, der passiert zum Beispiel die imposante »Miejska Informatia« zur Linken und das Bankhaus »Bankowiec« schräg gegenüber – im Gegensatz zum Bahnhof beides gut erhaltene Hochhäuser aus den 1920er Jahren. Der Bahnhof wurde im Zweiten Weltkrieg zerstört und später im Stil der sozialistischen Moderne, aber auch im Rückgriff auf die Formensprache der 1920er Jahre neu erbaut. Die Haupthalle kommt so gradlinig-pompös wie verwechselbar daher, aber die S-Bahn-Station im südöstlichen Flügel zitiert mit ihren Rundungen und überschaubaren Proportionen unverwechselbar die Bauhauszeit.

Adresse Gdynia Dworzec podmiejski SKM, 362, Dworcowa 3, Gdynia; »Bankowiec«, 3 Maja 27/31, 81-364 Gdynia | **ÖPNV** S-Bahn direkt zum Bahnhof | **Tipp** Es lohnt sich, weiter in Richtung Mole zu spazieren, um das siebenstöckige Orłowski-Gebäude von 1936 sowie einige Wohngebäude, die maritime Formensprache zitieren, in Augenschein zu nehmen.

110_Die Wasserstraßenbahn

To Hel and back

Erst 2018 wurde das »Program ożywienia dróg wodnych w Gdańsku« abgeschlossen. Im Rahmen dieses Projekts zur Wiederbelebung der Danziger Wasserstraßen wurden ab 2006 drei traditionelle Strecken durch insgesamt fünf verschiedene Verbindungen wiederbelebt: über Stogi nach Sobieszewo, über die Westerplatte nach Brzeźno und bis auf die Halbinsel Hel. Letztere ist ein Lieblingsziel nicht nur der Danziger, sondern auch der polnischen Polit- und Kulturprominenz. Der Grund dafür ist, dass es auf der lang gestreckten sandigen Nehrung abgesehen von Sand und Nehrung nichts gibt. Außer einem verspielten Wind und dem lückenlosen Meer natürlich.

Wasserstraßenbahnen existierten auf der Mottlau schon Ende des 19. Jahrhunderts, also nachdem sich der Dampfantrieb durchgesetzt hatte. Den Namen übernahmen sie einfach von der Straßenbahn, die in Danzig schon 1873 den Betrieb aufgenommen hatte. Im Unterschied zu Fähren verbindet eine Wassertram nicht zwei Punkte, sondern verkehrt auf einer festgelegten Strecke und macht Zu- und Abstiege an den jeweiligen Stationen möglich. Sie ergänzt also das Verkehrsnetz zu Lande. Bis 2012 gab es sogar eine Verbindung von der Danziger Altstadt über Sopot und Gdynia bis hinaus in die Danziger Bucht und auf die Halbinsel Hel, die jedoch eingestellt wurde. Wegen dieses Vorläufers gilt die Fähre ab Gdynia noch immer als Wassertram, obwohl sie lediglich eine Wasserfläche überquert und an Zwischenstopps nicht zu denken ist.

Drei Verbindungen täglich gibt es von Mai bis Ende September, wobei jene um 10 Uhr vormittags verlässlich ablegt, die beiden anderen nur dann, wenn sich ausreichend Passagiere einfinden. Eine gute Stunde dauert die Überfahrt, was den für eine Straßenbahnfahrt ziemlich hohen Preis von 70 Złoty erklärt. Das Fischerörtchen Hel wiederum ist an die Bahn angeschlossen, zudem führt ein Radweg über die gesamte Halbinsel zum Festland zurück.

Adresse Südmole (Molo Południowe), Jana Kilińskiego 16, 81-345 Gdynia | ÖPNV S-Bahn, Haltestelle Bahnhof Gdynia, von dort 20 Minuten zu Fuß; Bus 25, 28, Haltestelle Sea Towers | Öffnungszeiten Kassenhäuschen täglich ab 9 Uhr | Tipp Es reicht die einfache Fahrt: Nach einer Dünenwanderung oder einem Strandtag auf Hel kommt man mit der Regionalbahn über Gdynia gut nach Danzig zurück.

111 Die Düne Libek

Höhepunkt der Halbinsel Hel

Als Halbinsel Hela oder Putzinger Nehrung wurde Hel einst auf Deutsch bezeichnet – ein 34 Kilometer langer und stellenweise nur 200 Meter breiter Landstreifen, der sich sichelförmig in die Danziger Bucht schiebt und hauptsächlich aus Sand besteht. Hel war zu Anfang des Zweiten Weltkriegs heftig umkämpft und legte erst vier Tage nach Warschaus Kapitulation die Waffen nieder. Am Ende des Krieges wurde Hel zum Sammelpunkt deutscher Soldaten und Flüchtlingen, die von dort aus evakuiert wurden. Zu sozialistischen Zeiten war die Halbinsel aufgrund ihrer strategischen Lage größtenteils Sperrgebiet. Tourismus setzte erst nach dessen Aufhebung ein, dann aber gewaltig und so unaufhaltsam wie der Tidenhub.

Es sind die Strände und die Natur, welche die Menschen nach Hel ziehen. Die vorgelagerte Position jenseits des Festlands und damit jenseits der lauten, vollen Welt lässt einen automatisch Ruhe finden. Ganz Hel wird von einem einzigen langen Sandstrand eingefasst, sodass sich die Touristen und Badegäste automatisch verteilen. Voll wird es nur in unmittelbarer Nähe der kleinen Ortschaften und Hotels.

Bis in das 18. Jahrhundert hinein soll es Hel noch gar nicht gegeben haben, sondern an ihrer Stelle eine Reihe kleiner Inseln. Die Lücken zwischen diesen schlossen sich nach und nach durch Versandung, was manch einem Schiff zum Verhängnis wurde. Als »Góra Libek« wird die etwa zwölf Meter hohe Erhebung zwischen Kuźnica und Jastarnia bezeichnet: Libek-Berg. Die höchste Dünenkuppe der Halbinsel soll sich aufgrund des Schiffes »Lübeck« gebildet haben, das dort auf eine Sandbank auffuhr, für immer stecken blieb und verfiel. So konnten sich ausreichend Treibholz und Sand auftürmen, ohne von den Winterstürmen wieder zerstreut zu werden. Zwar streift der offizielle Spazierweg die Düne, doch den Zuweg zu finden ist vom Strand aus erheblich einfacher – zum Beispiel vom Strandaufgang Nummer 46.

Adresse Góra Libek, 84-130 Jastarnia | **ÖPNV** Regionalbahn zur Haltestelle Kuźnica Hel, von dort 30 Minuten zu Fuß | **Tipp** Hinter Jastarnia wird die Halbinsel breiter, und das »Rezerwat przyrody Helskie Wydmy« beginnt. Dieses abgeschiedene Naturschutzgebiet beeindruckt mit einer weitläufigen Dünenlandschaft und ist zu Fuß zugänglich – langer Sandstrand inklusive.

Gdynia
109
105
110
107
108
111
1
Kamienna Góra
Wzgórze Świętego Maksymiliana
106
Redłowo
Mały Kack
Orłowo
Kamienny Potok
101
103
102
104
100
Sopot
99
64
Żabianka-Wejhera-Jelitkowo-Tysiąclecia
4
2
32
50
89
67
Oliwa
Przymorze Wielkie
Przymorze Małe
28
12
51
45
71
55
96
Brzeźno
Nowy Port
63
97
52
Zaspa-Rozstaje
93
Zaspa-Młyniec
83
Letnica
Strzyża
82
41
Wrzeszcz Dolny
13
61
Wrzeszcz Górny
Młyniska
20
Brętowo
Aniołki
2
Stogi
Piecki-Migowo
Suchanino
62
Przeróbka
3
Siedlce
DANZIG
Rudniki
N
0
1 km
Wzgórze Mickiewicza
Jasień
Chełm
Olszynka

2
Martwa Wisla
Jana z Kolna
Narzędziowców
Błędnik
Rybaki Górne
Łagiewniki
Wałowa
3
Rajska
3 Maja
Podwale Grodzkie
Podwale Staromiejskie
DANZIG
Hucisko
Nowe Ogrody
Długa
Długi Targ
Stara Motława
Okopowa
Długie Ogrody
Podwale Przedmiejskie
Nowa Motława
Toruńska
Łąkowa
N
0
130 m

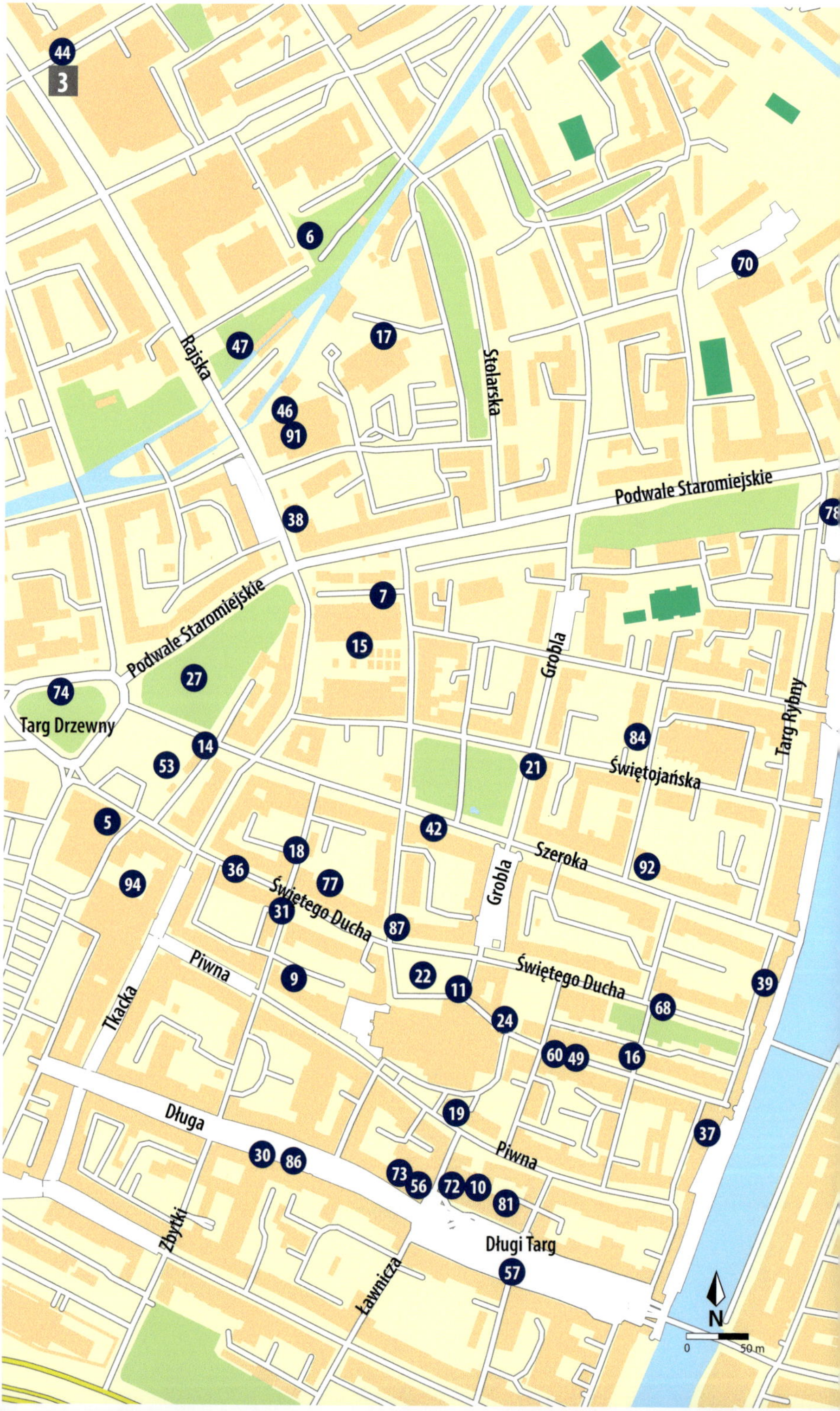

44
3
6
70
47
17
Rajska
Stolarska
46
91
Podwale Staromiejskie
38
78
7
Podwale Staromiejskie
15
Grobla
27
74
Targ Drzewny
Targ Rybny
84
14
53
21
Świętojańska
5
42
18
Szeroka
92
36
77
94
Grobla
31
Świętego Ducha
87
Piwna
9
22
Świętego Ducha
39
11
68
Tkacka
24
60
49
16
19
Długa
37
Piwna
30
86
73
56
72
10
81
Zbytki
Długi Targ
57
Ławnicza
N
0
50 m

Joscha Remus
111 Orte in Transsilvanien, die man gesehen haben muss
ISBN 978-3-7408-0856-3

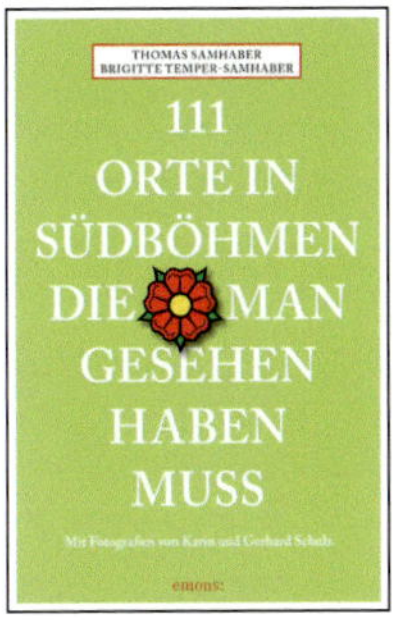

Thomas Samhaber,
Brigitte Temper-Samhaber
111 Orte in Südböhmen, die man gesehen haben muss
ISBN 978-3-7408-1742-8

Sabine M. Gruber
111 Sisi-Orte in Europa, die man gesehen haben muss
ISBN 978-3-7408-1400-7

Jeroen Kuiper
111 Orte in Warschau, die man gesehen haben muss
ISBN 978-3-7408-0978-2

Julia Csabai
111 Orte in Sofia, die man gesehen haben muss
ISBN 978-3-7408-0862-4

Veronika Wengert
111 Orte in Slowenien, die man gesehen haben muss
ISBN 978-3-7408-1083-2

Lena Schraml
111 Orte in Krakau, die man gesehen haben muss
ISBN 978-3-7408-1087-0

Patricia Szilagyi
111 extreme Orte in Europa, die man gesehen haben muss
ISBN 978-3-7408-0863-1

Dorothee Fleischmann,
Carolina Kalvelage
111 Orte in Budapest, die man gesehen haben muss
ISBN 978-3-7408-0877-8

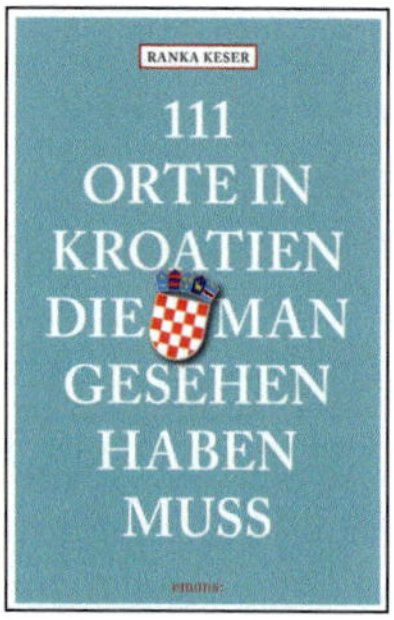

Ranka Keser
111 Orte in Kroatien, die man gesehen haben muss
ISBN 978-3-7408-0557-9

Matěj Černý, Marie Peřinová
111 Orte in Prag, die man gesehen haben muss
ISBN 978-3-95451-927-9

Peter Eickhoff
111 Orte in Wien, die man gesehen haben muss
ISBN 978-3-7408-1975-0

Cornelia Lohs
111 Orte in Salzburg, die man gesehen haben muss
ISBN 978-3-7408-1221-8

Cornelia Lohs
111 Orte in Bern, die man gesehen haben muss
ISBN 978-3-7408-2000-8

Oliver Zwahlen
111 Orte in Zürich, die man gesehen haben muss
ISBN 978-3-7408-1381-9

Lucia Jay von Seldeneck
111 Orte in Berlin, die man gesehen haben muss
ISBN 978-3-7408-1680-3

Alexia Amvrazi, Diana Farr Louis, Diane Shugart
111 Orte in Athen, die man gesehen haben muss
ISBN 978-3-7408-0560-9

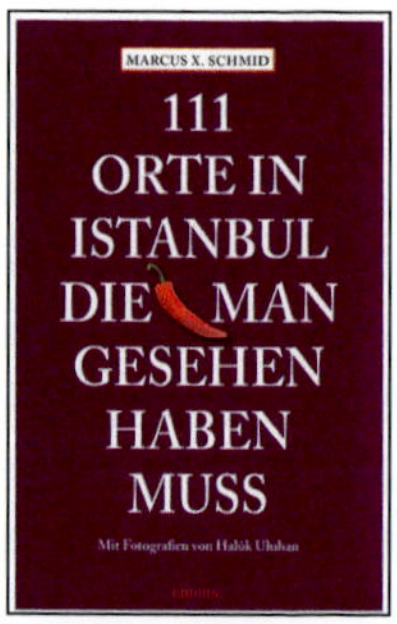

Marcus X. Schmid
111 Orte in Istanbul, die man gesehen haben muss
ISBN 978-3-95451-333-8

Kay Walter
111 Orte in Brügge, die man gesehen haben muss
ISBN 978-3-7408-1712-1

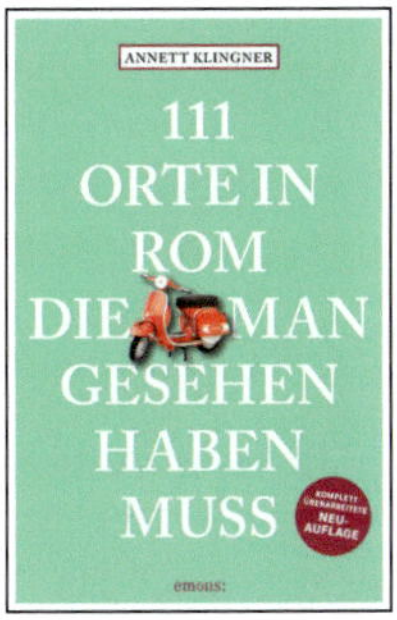

Annett Klingner
111 Orte in Rom, die man gesehen haben muss
ISBN 978-3-7408-1628-5

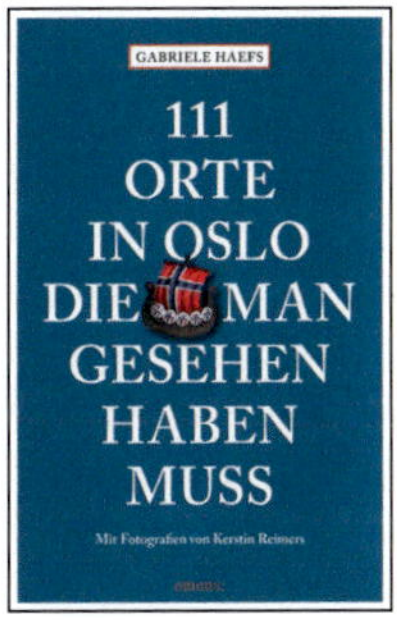

Gabriele Haefs
111 Orte in Oslo, die man gesehen haben muss
ISBN 978-3-7408-1088-7

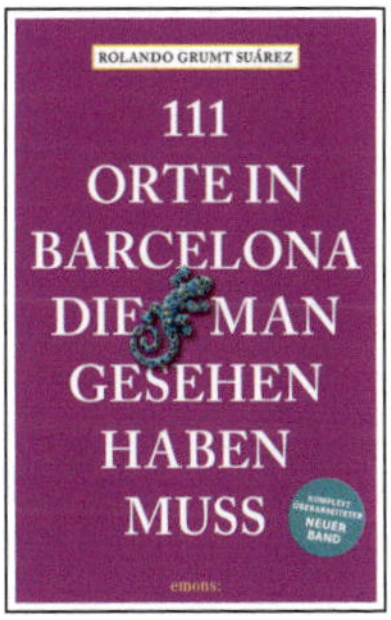

Rolando Grumt Suárez
111 Orte in Barcelona, die man gesehen haben muss
ISBN 978-3-7408-0994-2

Hilke Maunder
111 Orte in Toulouse, die man gesehen haben muss
ISBN 978-3-7408-1091-7

John Sykes
111 Orte in London, die man gesehen haben muss
ISBN 978-3-7408-0970-6

Giulia Castelli Gattinara
111 Orte in Mailand, die man gesehen haben muss
ISBN 978-3-7408-0739-9

Kay Walter
111 Bauwerke in Paris, die uns Geschichte erzählen
ISBN 978-3-7408-0691-0

Jo Berlien
111 Orte in Straßburg, die man gesehen haben muss
ISBN 978-3-7408-0576-0

Sybil Canac, Renée Grimaud, Katia Thomas
111 Orte in Paris, die man gesehen haben muss
ISBN 978-3-95451-847-0

Tom Shields
111 Orte in Glasgow, die man gesehen haben muss
ISBN 978-3-7408-0386-5

Gillian Tait
111 Orte in Edinburgh, die man gesehen haben muss
ISBN 978-3-7408-0476-3

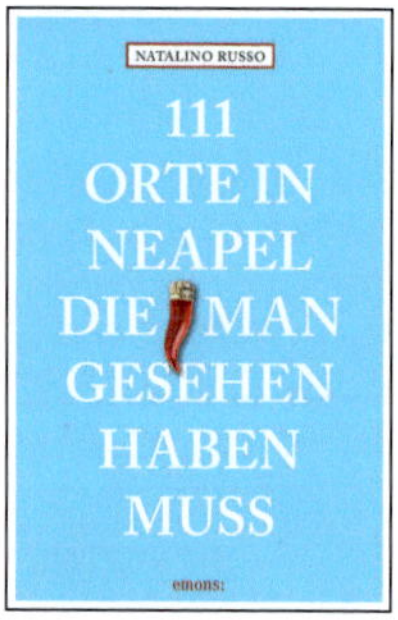

Natalino Russo
111 Orte in Neapel, die man gesehen haben muss
ISBN 978-3-7408-0478-7

Thomas Fuchs
111 Orte in Amsterdam, die man gesehen haben muss
ISBN 978-3-95451-209-6

Tarja Prüss
111 Orte in Helsinki, die man gesehen haben muss
ISBN 978-3-7408-0342-1

Fabrizio Ardito
111 Orte auf Malta, die man gesehen haben muss
ISBN 978-3-7408-0356-8

Cornelia Ziegler
111 Orte auf Kreta, die man gesehen haben muss
ISBN 978-3-95451-540-0

Kathleen Becker
111 Orte in Lissabon, die man gesehen haben muss
ISBN 978-3-7408-0244-8

Joscha Remus
111 Orte in Luxemburg, die man gesehen haben muss
ISBN 978-3-7408-0363-6

Marx de Morais
111 Orte in Turin und im Piemont, die man gesehen haben muss
ISBN 978-3-95451-736-7

Jan Gralle, Vibe Skytte
111 Orte in Kopenhagen, die man gesehen haben muss
ISBN 978-3-7408-0243-1

Christiane Bröcker, Babette Schröder
111 Orte in Stockholm, die man gesehen haben muss
ISBN 978-3-95451-203-4

Kay Walter, Rüdiger Liedtke
111 Orte in Brüssel, die man gesehen haben muss
ISBN 978-3-7408-0128-1

Alexander Barth
111 Orte in Lüttich, die man gesehen haben muss
ISBN 978-3-95451-925-5

Catrin Ponciano
111 Orte in Porto, die man gesehen haben muss
ISBN 978-3-7408-1978-1

Christoph Schrahe, Jimmy Petterson, Patrick Thorne
111 Skipisten in Europa, die man gefahren sein muss
ISBN 978-3-7408-1518-9

Beate C. Kirchner
111 Orte in Florenz und im Norden der Toskana, die man gesehen haben muss
ISBN 978-3-7408-1630-8

Jörg Dauscher ist gebürtiger Franke und seit Mitte der 1990er Jahre regelmäßig in Europas Osten unterwegs. Anfangs war Polen eines seiner Hauptziele, später zog es ihn bis nach Georgien. Heute lebt er im Süden Albaniens. Aber irgendwie liegt das ja auch im Osten.